dtv

W0057195

»Unser Buchtipp ... Weniger durch dickbäuchige Monografien lässt Historie im Zeitalter der Häppchenkultur sich an den Leser bringen als durch lektürefreundliche Geschichten zur Geschichte, wie sie dtv erneut aus dem Fundus der Publikumszeitschrift ›P. M. History‹ schöpft ... Bei solcher Lektüre, durch ganzseitige thematische Abbildungen animiert ... vergeht Vergangenheit rasch – und ist bei nächster Gelegenheit wieder willkommen.«
Hessische Allgemeine

»... alles im schönen Gleichgewicht von griffiger Information und eingängiger Leseunterhaltung.«
Hannoversche Allgemeine

Historische Ereignisse, Biografie und Lebenswerk einer historischen Persönlichkeit werden nicht mit akademischem Abstand, sondern aus einer menschlichen Perspektive dargestellt. Was bewegte die Menschen, wie haben sie gelebt, wie erlebten sie als Zeitgenossen geschichtliche Umwälzungen? Auf diese Weise wird die Vergangenheit mit Leben erfüllt.
Dieser Band der P. M. History-Reihe beschäftigt sich mit der faszinierenden Epoche des Mittelalters und lässt uns teilhaben an den Kreuzzügen, bringt uns zu Karl dem Großen oder reist mit uns zu den Hunnen.

Als Richard Löwenherz ins Heilige Land zog

Geschichten zum Mittelalter

Mit farbigen Abbildungen
Herausgegeben von Ernst Deissinger
und Sascha Priester

Ein P. M. History-Buch

Deutscher Taschenbuch Verlag

Dieser Band erscheint in der Reihe ›Geschichten zur Geschichte‹, die ›P. M. History. Das große Magazin für Geschichte‹ im Deutschen Taschenbuch Verlag veröffentlicht.

Bereits erschienen:

Als Pharao Ramses gegen die Hethiter zog (dtv 34147)
Als Spartacus den Römern trotzte (dtv 34202)
Auf der Suche nach dem Heiligen Gral (dtv 34240)
Von Göttern, Engeln und Dämonen (dtv 34354)

Originalausgabe
November 2007
© 2007 P. M. History und Deutscher Taschenbuch Verlag GmbH u. Co. KG, München
www.dtv.de
Das Werk ist urheberrechtlich geschützt. Sämtliche, auch auszugsweise Verwertungen bleiben vorbehalten.
Umschlagkonzept: Balk & Brumshagen
Umschlagbild: Richard Cœur de Lion, on his way to Jerusalem von James William Glass (Bridgeman Giraudon)
Satz: Greiner & Reichel, Köln
Gesetzt aus der Concorde 8,8/12˙ und der Univers condensed
Druck und Bindung: Firmengruppe APPL, aprinta druck, Wemding
Gedruckt auf säurefreiem, chlorfrei gebleichtem Papier
Printed in Germany · ISBN 978-3-423-34447-0

Inhalt

Vorwort

Wir freuen uns, Ihnen mit ›Als Richard Löwenherz ins Heilige Land zog‹ vierzehn Geschichten zum Mittelalter aus unserem Geschichtsmagazin P.M. HISTORY zu präsentieren. Dabei spannen wir bewusst einen weiten Bogen: vom Untergang des Römischen Reiches und den Wirren der Völkerwanderung im 4./5. Jahrhundert bis zum Fall von Konstantinopel 1453.

Zum Einstieg folgen wir den Spuren der Goten und Hunnen, die auf ihren Wanderungen nach Westen die Grenzen des Imperiums erreichen. Ihre Herrscher Alarich und Attila werden zu Todfeinden Roms und begründen neue Staaten auf ehemals römischem Territorium. Kaiser, Generäle und starke Frauen aus dem Herrscherhaus stellen sich den vermeintlichen »Barbaren« entgegen. Doch die Auflösung Roms, das von Palastintrigen und Dekadenz gezeichnet ist, lässt sich nicht mehr aufhalten; die europäische Antike geht endgültig ins Mittelalter über.

Dann lernen Sie, verehrter Leser, den byzantinischen Kaiser Justinian und den Frankenherrscher Karl den Großen kennen, die auf den Spuren der alten Imperatoren wandeln. Und in der Schlacht auf dem Lechfeld 955 werden Sie Zeuge, wenn Otto der Große den Plünderzügen der ungarischen Reiter ein Ende setzt.

Ein weiteres Thema sind die Kreuzzüge: Sie erfahren, warum der englische König Richard Löwenherz ins Heilige Land zog – und welche Schwierigkeiten er mit seinem Kollegen Philipp von Frankreich hatte. In einer eigenen Geschichte fragen wir nach, wer Sultan Saladin eigentlich war – der erbittertste Gegner der christlichen Heere im Kampf um Jerusalem. Und mit den Templern lernen Sie einen der mächtigsten und geheimnisvollsten Kreuzfahrerorden kennen, der noch heute Anlass zu vielen Spekulationen gibt. Aber wie sah es in der eigentlichen Heimat der Ritter aus? Geschichten zu der Wahrheit über den englischen Volkshelden Robin Hood und zu Familienschicksalen in Deutschland liefern Antworten.

Und es gibt noch mehr zu entdecken: Wir verfolgen die Spuren der berühmten Stauferkaiser Friedrich Barbarossa und Friedrich II., deren Geschlecht im 12. und 13. Jahrhundert regierte. Dann begeben wir uns vor die Mauern von Konstantinopel, das 1453 von seinen christlichen Verbündeten im Stich gelassen wird – und dem Sturm der osmanischen Eroberer nicht mehr standhalten kann. Und zum Ausklang unternehmen wir einen Ausflug in die Kunstgeschichte und stellen Ihnen eines der Meisterwerke spätmittelalterlicher Malerei vor: ›Der Garten der Lüste‹ von Hieronymus Bosch, der mit seinem Werk das höfische Publikum unterhalten und belehren wollte. Viel Spaß beim Lesen!

München im Herbst 2007,
Sascha Priester und Ernst Deissinger

Die Goten und ihre großen Anführer

Sie flohen vor den Hunnen und eroberten ein Reich

Von Alexander Galdy

Schon von Weitem sind die Rauchsäulen über der Ewigen Stadt zu sehen. In den Straßen und Gassen herrscht an diesem 24. August des Jahres 410 Chaos: Seit Stunden plündern die wilden Horden Rom. Sie raffen alles zusammen, was sie in den Häusern finden. Auf dem Forum sammeln sie ihre Beute und laden sie für den Abtransport auf Karren. Einige der Einwohner, die nicht aus der Stadt fliehen konnten oder in den Kirchen Schutz suchen, werden erschlagen oder verschleppt. Drei Tage lang rauben die Barbaren, vergewaltigen Frauen und Mädchen.

Rom ist gefallen, das Symbol der antiken Macht, erobert von den Westgoten unter ihrem König Alarich. Die zivilisierte Welt ist erschüttert. »Die Stadt Rom ist eingenommen, die zuvor die ganze Welt besiegt hatte«, klagt damals der Kirchenvater Hieronymus. Es ist eine Epoche des Umbruchs, die man 1000 Jahre später Völkerwanderung nennen wird. (Erstmals verwendete diesen Begriff der Wiener Humanist Wolfgang Lazius im Jahr 1555.) Nach ihr wird nichts mehr so sein wie zuvor. Am Ende dieser wildbewegten Zeit steht der Untergang des Weströmischen Reiches. Die führende Rolle von Römern und Griechen im antiken Mittelmeerraum ist endgültig dahin. Die Völkerwanderung stellt aber auch die Weichen für ein neues Abendland. Aus ihm wird einmal das Europa entstehen, das wir heute kennen.

Im Jahr 375 fielen die Hunnen mit einer ungeheuren Wucht in Europa ein. Die Reiterhorden gaben den Startschuss für die große germanische Völkerwanderung mit ihren Flüchtlingsströmen von schätzungsweise 100.000 Menschen. Wie aufgereihte Dominosteine setzte sich ein Volk nach dem anderen in Bewegung. Zwar hatte es das schon früher gegeben, aber nicht in diesem Ausmaß. Schon gegen Ende des 2. Jahrhunderts machten sich die germanischen Stämme auf Wanderschaft. Die Gründe dafür sind heute nicht mehr auszumachen.

Eine wachsende Bevölkerungszahl und eine Klimaverschlechterung in Nordosteuropa könnten den Prozess in Gang gesetzt haben. Sicher ist nur, dass die Mobilmachung einzelner Stämme Druck auf andere ausübte und diese zum Ausweichen zwang. So fielen ab dem Jahr 167 die Langobarden in Pannonien (östliches Österreich) ein, und die vor ihnen flüchtenden Markomannen durchbrachen die Grenze zum Imperium Romanum. Kaiser Marc Aurel brauchte vier Feldzüge und 14 Jahre dafür, die unerwünschten Besucher wieder loszuwerden. Der Stoff inspirierte auch Hollywood. Mit über 1000 Statisten stellte Regisseur Ridley Scott in der Eröffnungsszene seines Films ›Gladiator‹ die Entscheidungsschlacht nach.

Zwischen dem 4. und 6. Jahrhundert aber wälzten sich erneut Menschenmassen aus dem Norden und Osten über Europa: Westgoten, Ostgoten, Vandalen, Franken und Langobarden, um die Wichtigsten zu nennen. Allerdings machte sich nicht ein ganzes Volk – etwa das der Goten – auf Wanderschaft. Es waren vielmehr verschiedene Volksgruppen, die sich immer wieder neu bildeten und dabei an gotische Traditionen anknüpften. Das Bild von ethnisch einheitlichen Staatsvölkern oder Nationen, wie es besonders im 19. und in der ersten Hälfte des 20. Jahrhunderts geprägt wurde, ist heute überholt. Historiker wie Walter Pohl sprechen deshalb von der »Polyethnie der Völker während der Völkerwanderungszeit«.

> **Nur so viel ist sicher: Nach der Zeitenwende siedelten die Goten im Gebiet der Weichsel im heutigen Polen.**

Bleiben wir aber bei den Goten, die der historischen Überlieferung nach aus Skandinavien stammen, was in der modernen Forschung allerdings höchst umstritten ist. Nur so viel ist sicher: Nach der Zeitenwende siedelten sie im Gebiet der Weichsel im heutigen Polen. Im 2. Jahrhundert verließ ein Großteil der Bevölkerung das ursprüngliche Siedlungsgebiet in südöstlicher Richtung. Allmählich teilten sich Ost- und Westgoten. Erstere errichteten nördlich des Schwarzen Meeres ihr Reich. Die Westgoten ließen sich nördlich der Donau nieder und galten seit 332 offiziell als Verbündete (foederati) der Römer.

Das funktionierte einige Zeit ganz gut. Doch dann tauchten die Hunnen auf und sorgten zwischen den römischen und gotischen Vertragspartnern für eine Krise. Zunächst bekamen die Ostgoten unter ihrem König Ermanerich den Sturm der Steppenreiter zu spüren. Vollkommen überrascht mussten sie sich geschlagen geben. Anders die Westgoten, die sich den Hunnen nicht unterwerfen wollten. Im Jahr 376 verließen die meisten von ihnen ihre Heimat. Damit begann ihre abenteuerliche, jahrzehntelange Odyssee kreuz und quer durch Europa. Tausende von Westgoten überquerten mit Erlaubnis der Römer die Donau. Die Flüchtlinge waren dem oströmischen Kaiser Valens zunächst willkommen, denn er konnte sie gut zur Verteidigung der römischen Grenzen im nördlichen Balkan brauchen, quasi als Puffer gegen die Hunnen.

Doch die Ruhe währte nicht lange. Die Neuankömmlinge hatten unter den Schikanen der römischen Beamten zu leiden, was ihren Hass auf die Römer schürte. Nach zwei Jahren lief das Fass über. Die Westgoten brachen aus dem ihnen zugewiesenen Territorium aus und

> **Das Leben an der Grenze des Römischen Reiches war unsicher.**

zogen plündernd durch die römischen Balkanprovinzen. Nun stellte sich Kaiser Valens den Barbaren am 9. August 378 mit einem Heer entgegen. Im Nachhinein war das nicht gerade eine seiner besten Ideen. Bei Adrianopel in der heutigen Türkei kam es zur Schlacht, und die Westgoten metzelten die Feinde nieder. Auch Kaiser Valens fiel. Diese Schlacht, wenn auch nur eine von vielen, ist bedeutsam für die Epoche. Für viele Historiker begann mit ihr der Anfang vom Ende des spätrömischen Reiches. Denn jetzt befanden sich Barbaren auf römischem Gebiet und konnten sich dort niederlassen. Kaiser Theodosius der Große musste 382 mit den Goten einen neuen, folgenschweren Vertrag schließen: Die Westgoten bekamen Siedlungsräume im heutigen Bulgarien, die sie selbst verwalten durften; sie bildeten somit einen Staat im Staate.

Zur Ruhe kamen die Goten trotzdem nicht. Das Leben an der Grenze des Römischen Reiches war unsicher, denn die Hunnengefahr bestand noch immer. Als Theodosius 395 starb, schlugen die Goten unter ihrem König Alarich zu. Mit dem Tod des Kaisers war für sie der Friedensvertrag erloschen. Von kurzen Aufenthalten abgesehen, zogen sie ruhelos über den Balkan und nach Griechenland. Mangel an Lebensmitteln führte sie 401 nach Italien. Zwar gelang es dem weströmischen Feldherrn Stilicho, die Goten 402 zum Rückzug zu zwingen, doch schon im Jahr 408 waren sie wieder in Italien. Zwei Jahre später stand das westgotische Heer vor den Toren Roms. Als römische Gesandte Alarich auf die große Bevölkerungszahl der Ewigen Stadt hinwiesen, um ihn zu beeindrucken, soll der Gotenkönig geantwortet haben: »Je dichter das Gras, desto leichter das Mähen.«

Am 24. August 410 drangen die Goten durch ein Tor in der Stadtmauer, die Kaiser Aurelian Ende des 3. Jahrhunderts wegen der wachsenden Germanengefahr errichten ließ, in Rom ein. Bewohner der durch die Belagerung von Seuchen und Hunger geplagten Stadt hatten es ihnen geöffnet. Und dann mähten die Westgoten. Nur die Kirchen rührten sie auf Befehl Alarichs nicht an. Denn die Goten waren Christen. Obwohl sich damit der Niedergang der Stadt bereits abzeichnete, hatten die Ereignisse keine gravierenden Konsequenzen, denn der Kaiser residierte bereits seit 403 in der Stadt Ravenna an der Adria. Auch Alarich stand nicht unbedingt als Gewinner da – sein Ziel, langfristig einen sicheren Siedlungsraum zu gewinnen, hatte er verfehlt.

> **Der Überfall auf Rom ist ein Zeichen für die endgültige Machtverschiebung in Europa zugunsten der Völker aus dem Norden.**

Dennoch ist der Überfall auf Rom ein Zeichen für die endgültige Machtverschiebung in Europa zugunsten der Völker aus dem Norden. Kurz darauf starb Alarich in Süditalien. Der Sage zufolge begruben ihn seine Leute im Flussbett des Busento, wofür sie eigens eine Umleitung anlegten. Die Westgoten zogen weiter durch Europa und erhielten 418 vom weströmischen Kaiser Honorius die Erlaubnis, sich als Bundesgenossen in Südfrankreich niederzulassen. 40 Jahre nachdem sie auf der Flucht vor den Hunnen die Donau überquert und über 3000 Kilometer zurückgelegt hatten, gründeten sie 418 das Königreich von Toulouse. Doch schon 90 Jahre später gerieten sie immer mehr in den Schatten der neuen Herren Europas: der Franken.

Die Westgoten ließen sich über die Pyrenäen nach Spanien abdrängen und schufen im Herzen des Landes ein neues Reich mit der Hauptstadt Toledo. Westgoten und Alanen gaben der Provinz Got-Alanien, dem späteren Katalonien, den Namen. Den Süden Spaniens verteilten sie an Landlose. Bis 711 blieb die Iberische Halbinsel als Einheit unter den germanischen Goten und Alanen bestehen. Dann näherte sich aus Afrika ein neuer Feind: Die islamischen Araber landeten in Spanien. Sie nannten das Land Al-Andalus (= Andalusien), was sich wahrscheinlich aus dem arabischen Wort für Vandalen ableitet.

Drehen wir das Rad der Geschichte noch einmal zurück. Wenige Jahre nach dem Aufbruch der Westgoten machten sich auch die Vandalen auf den Weg. Sie verließen ihr Gebiet im heutigen Schlesien und der Slowakei und durchbrachen 406 die Rheingrenze bei Mainz. Sie zogen plündernd bis nach Spanien. Dort fassten sie einen tollkühnen Plan: Die Vandalen wollten nach Afrika ziehen. Unter ihrem König Geiserich überquerten 80.000 Krieger, Frauen und Kinder im Jahr 429 die Meerenge von Gibraltar. Zehn Jahre später eroberten sie Karthago im heutigen Tunesien und errichteten dort ihr Reich. Von hier aus beherrschten sie weite Teile des Mittelmeeres. 455 plünderten auch sie Rom – 14 Tage suchten sie die Stadt heim. Schnell wurden die Vandalen zu den Bösewichtern der Völkerwanderung, und noch heute steht Vandalismus für blinde Zerstörungswut. Dabei hatten die Vandalen nichts anderes getan als die übrigen Völker.

Und was war mit den Ostgoten, dem Germanenvolk, das im nördlichen Balkan siedelte? Ihr Comeback hatten sie zwei Dingen zu verdanken. Erstens erlangten sie nach der Niederlage der Hunnen auf den Katalaunischen Feldern 451 ihre Unabhängigkeit zurück. Zweitens reagierte ihr junger König Theoderich geschickt auf die politische Lage in Rom. Dort hatte sich im Jahr 476 etwas Ungeheuerliches ereignet. Durch einen Putsch kam der germanische Söldnerführer Odoaker an die Macht. Er stieß den minderjährigen Romulus Augustulus als letzten weströmischen Kaiser vom Thron und ließ sich zum König ausrufen. Formell übte der oströmi-

> **Und was war mit den Ostgoten, die im nördlichen Balkan siedelten?**

sche Kaiser Zenon die Herrschaft aus, der sich – ein juristischer Trick – durch Odoaker vertreten ließ. Doch dieser war dem Kaiser ein Dorn im Auge. Und damit begann die Geschichte von Theoderich, der als Dietrich von Bern (germanisch für Verona) in die Sagenwelt einging. Er ist eine der schillerndsten Gestalten der Völkerwanderung – und begann seine Karriere mit einem Mord.

Die Ostgoten hatten seit dem Überfall der Hunnen mehr schlecht als recht als Bundesgenossen des Römischen Reiches an der Peripherie von Byzanz gelebt. Theoderich, aus königlichem Geschlecht, verbrachte zehn Jahre als Geisel am kaiserlichen Hof von Byzanz. 471 erhoben ihn die Ostgoten zum König. Schon lange trachtete er nach einem eigenen Reich in Italien. Theoderich schlug dem byzantinischen Kaiser vor, gegen den ungeliebten Machthaber Odoaker zu Felde zu ziehen. Leichtfertig gab Zenon seine Zustimmung und erhob ihn zum Heermeister. Er hoffte, dass sich die beiden germanischen Völker bei den Kämpfen aufreiben würden. Byzanz hätte dann in Italien die Macht an sich reißen können. Ab 489 tobten die Kämpfe zwischen Odoaker und Theoderich, ohne dass es einen Sieger gab. 493 vereinbarten sie, Italien gemeinsam zu regieren. Theoderich dachte aber nicht daran zu teilen – zehn Tage nach Vertragsschluss ermordete er den Rivalen bei einem Gastmahl. Odoakers Frau ließ er verhungern, einige seiner Mitstreiter sofort umbringen. Theoderich stand nun allein an der Spitze. 497 erkannte ihn der oströmische Kaiser als König an.

Theoderich brachte Italien eine 30-jährige Friedenszeit und erhielt den Beinamen »der Große«. Nach einem Jahrhundert der Verwüstung war er in der Tat ein Segen für das Land. Auch er residierte in Ravenna, wo zahllose Zeugnisse der Germanen erhalten sind. Kirchen und Mosaiken erzählen bis heute vom Goldenen Zeitalter der Ostgoten. Als jedoch der oströmische Kaiser Justinian I. seine groß angelegte Rückeroberung des Weströmischen Reiches startete, blieb auch das Reich der Ostgoten nicht verschont. 552 verschwanden sie aus der Geschichte – diesmal endgültig. Diese Ereignisse bildeten die Vorlage für den national verklärten Roman von Felix Dahn ›Ein Kampf um Rom‹ aus dem Jahr 1876.

> **Zahllose Zeugnisse der Germanen sind in Ravenna erhalten.**

Die neuen Herren in Italien löschten alles aus, was an die ketzerischen Ostgoten erinnerte. Theoderich und seine Anhänger waren zwar Christen, aber nicht katholisch. Sie waren Arianer, das heißt, sie glaubten nicht an die Wesenseinheit Christi mit Gott dem Vater. Deshalb entfernten die Byzantiner alle Abbildungen der ostgotischen Herrscher auf den Mosaiken. So war zum Beispiel auf einem Mosaik in der Kirche San Apollinare in Ravenna der Palast von Theoderich abgebildet. Den König und seine Höflinge sucht man heute vergeblich, denn sie fielen der oströmischen Säuberung zum Opfer. Nur die Hände auf den Säulen vergaß man durch neue Mosaiksteinchen zu ersetzen. Sie sind noch heute zu sehen.

Lange konnte Byzanz seine Herrschaft über Italien nicht halten, denn bald rückten die Langobarden an. Ihr Zug nach Italien bildet den Schlussakt der Völkerwanderung. Mitte des 6. Jahrhunderts brachen sie unter dem Druck der benachbarten Awaren von der unteren Elbe auf, um in Italien die Herrschaft an sich zu reißen. Oder sie wollten sich an Byzanz rächen, das ständig versuchte, die Völker an seiner Nordgrenze gegeneinander auszuspielen, damit keines zu mächtig wurde. Nach ihrer Invasion unterwarfen die Langobarden fast ganz Italien. Nur Rom

> **Mitte des 6. Jahrhunderts war das Frankenreich bereits eine Großmacht in Europa.**

und Gebiete um Ravenna und Venedig blieben byzantinisch. Die Langobarden, die der Lombardei den Namen gaben, herrschten bis 774; dann wurde ihr Reich von den Franken erobert.

In der Stadt Albenga, zwischen Monaco und Genua gelegen, steht heute noch eine frühchristliche Taufkapelle. In ihrem Innern befinden sich Reste eines uralten Taufbeckens. Hier soll am Weihnachtstag 496 der Frankenkönig Chlodwig nach katholischem Ritus getauft worden sein. Die Franken waren Meister der Effizienz – und zwar durch Sesshaftigkeit. Sie nutzten die Wirren der Völkerwanderungszeit und erkämpften sich ihr Reich im Norden und Westen Galliens, wo einzelne Stämme bereits um die Mitte des 3. Jahrhunderts aus dem Gebiet um den Niederrhein eingedrungen waren.

König Chlodwig (482–511) folgte seinem Vater Childerich als 16-Jähriger auf den Thron. Er war stark und hatte vor allem keine Skrupel. Er besiegte bei Soissons ein Heer des Syagrius, des letzten römischen Statthalters in Gallien, ermordete zahlreiche Verwandte und Mitkonkurrenten und unterwarf die Burgunder und Alemannen. Mitte des 6. Jahrhunderts war das Frankenreich bereits eine Großmacht in Europa. Der Aufstieg der Franken gelang, als das Weströmische Reich schon am Ende war. Zudem waren sie allein durch die große

Entfernung dem oströmischen Einfluss entzogen. Von Bedeutung war aber vor allem die Taufe Chlodwigs. Damit ermöglichte er eine Verbindung der Franken mit der immer noch starken römischen Bevölkerung in Gallien und der schon etablierten Kirche.

Die Periode der Völkerwanderung war ein Prozess der Umformung des Römischen Reiches – beschleunigt durch die fremden Stämme. Doch die germanischen Völker als Totengräber des römischen Weltreichs an den Pranger zu stellen, wird der Wirklichkeit nicht gerecht. Die Ansicht, dass Horden von Barbaren plötzlich das Imperium Romanum überrollt und zum Einsturz gebracht hätten, ist spektakulär, aber heute längst überholt. Goten, Vandalen und die anderen Völker, die durch Europa zogen, tauchten nicht plötzlich auf. Schon vor der eigentlichen Völkerwanderung fanden sich in den Grenzgebieten an Rhein und Donau immer mehr Germanen ein, die vom Reichtum des Imperiums profitieren wollten. Es ging ihnen um Teilhabe und Integration in ein System, das höher entwickelt war und vor allem mehr Wohlstand und Frieden versprach. Rom zu zerstören und auszulöschen, war nicht das Ziel.

> **Die Franken nahmen die gallo-römische Lebensweise an.**

Im Gegenteil: Sie wollten ihren Teil vom Kuchen. Sonst hätte sich Alarich ja auch nicht jahrzehntelang bemüht, einen Platz für sein Volk innerhalb des Römischen Reiches zu bekommen. Sie waren auf der Flucht vor den Hunnen, dann vor dem Hunger. Das Pech für Rom war, dass das Imperium ein äußerst attraktives Ziel für die Wirtschaftsflüchtlinge war. Schon wegen ihrer zahlenmäßigen Unterlegenheit ist es schwer zu glauben, die Germanenstämme hätten das Weströmische Reich unterwerfen und zerstören können. Nur als Beispiel: Wie sollten 20.000 westgotische Krieger ein Gebiet von einer Dreiviertelmillion Quadratkilometern und rund 10 Millionen Einwohnern erobern und vor allem beherrschen?

Eher muss man von einer jahrhundertelangen Annäherung zwischen beiden Seiten sprechen, aus der neue Kulturen und Mächte entstanden. Theoderich war sogar um eine römische Renaissance bemüht. Die Franken nahmen die gallo-römische Lebensweise an. Bei den meisten Germanenvölkern vollzog sich eine Romanisierung in der Sprache. So wurde im heute deutschsprachigen Rheingebiet bis ins späte Mittelalter noch Vulgärlatein gesprochen, nicht etwa Fränkisch. Von den germanischen Reichen wie denen der Goten in Spanien oder Italien blieben nur die Gene für das blonde Haar und die Vornamen des italienischen wie spanischen Adels, beispielsweise Rinaldo. Das Gotische als älteste germanische Sprache überlebte bis zum 16. Jahrhundert nur auf der Krim.

Die Franken aber waren die Erben Roms. Ihr Reich überdauerte als einziges auf römischem Boden die Zeit der Völkerwanderung. Sie waren es, die Europa von nun an gestalteten. Bald wird mit Karl dem Großen der bekannteste Franke aus dem Geschlecht der Karolinger die Weltbühne betreten. Unter ihm wird das Reich seine größte Ausdehnung erreichen. Mit seiner Krönung am Weihnachtstag des Jahres 800 existiert wieder ein Römisches Kaiserreich. Den Vater Europas wird man ihn später nennen.

Als der Schrecken über Europa kam
Attila, die »Geißel Gottes«

Von Herbert Pahl

Zweite Hälfte des 4. Jahrhunderts n. Chr.: Im Römischen Reich überschlugen sich die Ereignisse. Kriege gegen die Germanen waren an der Tagesordnung, in anderen Teilen des Imperiums, weit im Osten, mussten sich die Legionen gegen die anstürmenden Perser zur Wehr setzen. An den Grenzen brodelte es. Nach dem Tod Konstantins des Großen im Jahr 337 war auch in der Innenpolitik einiges durcheinandergeraten. Die Cäsaren, die in den vier Reichsteilen herrschten, bekämpften sich gegenseitig, der eine ließ den anderen ermorden. Und es zeichnete sich deutlich ab, dass das Reich eindeutiger als bisher in zwei Hälften geteilt sein würde: der Osten mit der neuen Hauptstadt Konstantinopel, der Westen mit dem »alten« Rom. 395 wurde dies von den Söhnen des Kaisers Theodosius des Großen (379–395) endgültig beschlossen: Arcadius erhielt den Osten und Honorius den Westen.

Doch in der Regel, bisweilen mehr schlecht als recht, waren die römischen Soldaten in dieser schwierigen Zeit Herr der Lage. Das Riesenreich wankte, stürzte aber nicht. Bis zu jenem verhängnisvollen 9. August 378. Der Ostkaiser Valens (364–378) stand an diesem Tag bei Adrianopel, dem heutigen Edirne in der Türkei, mit 30.000 Mann 10.000 Westgoten gegenüber. Es kam zur Schlacht – und, für die damalige Welt überraschend, wurden die Römer geschlagen, Valens selbst tödlich verwundet. Historiker meinen, der Kaiser habe die Lage falsch eingeschätzt und seine Truppen, meist aus germanischen Stämmen rekrutiert, hätten nicht den nötigen Kampfgeist aufgebracht.

Wie auch immer – mit der Schlacht von Adrianopel wurde eine Entwicklung deutlich, die »die ganze bisherige Weltordnung zerstörte, massenhafte Wanderungen auslöste und das Bild Europas in wenigen Jahrzehnten vollständig veränderte«, hält die Historikerin Magdalena Maczynska fest. Was war geschehen? Etwa um das Jahr 370 war an den Grenzen Europas ein mysteriöses Reitervolk aus dem Fernen Osten aufgetaucht, dem der Ruf eines nie gehörten Schreckens vorauseilte: die Hunnen. Waren bislang alle Völker und Stämme außerhalb des Römischen Reiches generell »Barbaren«, so wurde dieser Begriff nun noch gesteigert. In den Berichten der Zeitgenossen liest es sich so, als habe man es mit den »barbarischsten der Barbaren« zu tun.

Zuerst unterwarfen die Hunnen die Alanen, die, iranischen Ursprungs, nördlich der Donau, am Schwarzen Meer, südlich des Kaspischen Meeres und am Asowschen Meer siedelten. Alanen waren den Römern bekannt, sie lebten als Halbnomaden. Wie die berühmten Dominosteine fiel ab dem Jahr 375 alles in sich zusammen. Gemeinsam mit den Alanen machten sich die Hunnen über die Goten her. Zuerst besiegten sie die Ostgoten, deren Zuhause östlich der Flüsse Prut und Dnjestr war, dann kamen die Westgoten an die Reihe, die in Dakien und Siebenbürgen lebten.

> **Wer waren diese Hunnen, woher kamen sie, was wollten sie?**

Diese wiederum drängten in das Römische Reich – die oben erwähnte Katastrophe von Adrianopel war die Folge. Das, was später die »Völkerwanderung« genannt wurde, hatte begonnen. Und die Hunnen, die eigentlichen Auslöser dieser Massenbewegung, bildeten jetzt einen nicht mehr zu unterschätzenden Machtfaktor auf der europäischen Bühne.

Wer waren diese Hunnen, woher kamen sie, was wollten sie? Sucht man nach Antworten, stößt man bei den antiken wie den heutigen Historikern immer wieder auf diesen einen Satz: »Wir wissen es nicht.« Es ist sehr selten, dass über ein Volk so wenig Wissen existiert, zumal die Zeit, in der die Hunnen auftauchten, dank antiker Quellen äußerst gründlich dokumentiert ist.

Die Hunnen werden häufig mit dem mongolischen Volk der Hiungnu in Verbindung gebracht. Gesicherte Erkenntnisse darüber gibt es nicht. Eine Theorie sagt, dass die Hunnen, klassische fernöstliche Nomaden, aus Nordchina oder der Mongolei nach Westen wanderten, südlich des Urals vorbei an die Nordspitze des Kaspischen Meeres und von dort zu den Unterläufen von Wolga und Don vordrangen, um sich schließlich in der südrussischen Ebene (vorläufig) niederzulassen.

Auch über die Gründe des Zuges nach Westen gibt es nur Spekulationen. Es können klimatische Veränderungen gewesen sein oder Niederlagen in Kriegen mit anderen Völkern, als deren Konsequenz die Besiegten ihre angestammten Lebensräume verlassen mussten. Die

Hunnen waren mongolischer oder chinesischer Herkunft – das zeigte sich schon äußerlich durch ihre »Mongolenfalte«. Und gerade das Äußere dieser Fremden, vor allem aber auch deren Alltagsleben, verführten die zeitgenössischen Geschichtsschreiber zu einer wahren Wörterorgie bei der Beschreibung des Bösen. Nicht nur, dass allen Sesshaften das Nomadentum ein Rätsel war. Auch die Wildheit dieser »Barbaren« flößte Schrecken ein. »Nicht-Zivilisierten«, so der Sprachgebrauch, waren die Römer schon öfters begegnet, und man hatte sich an sie gewöhnt. Doch die Hunnen waren ein Höhepunkt der »Barbarei«.

Der Historiker Ammianus Marcellinus (um 330–395) schreibt zum Beispiel über die Hunnen: »Alle besitzen sie gedrungene und starke Glieder sowie einen muskulösen Nacken und sind so entsetzlich entstellt und gekrümmt, dass man sie für zweibeinige Bestien oder für Figuren aus Blöcken halten konnte.« Und weiter: »Bei ihrer reizlosen Menschengestalt sind sie durch ihre Lebensweise so abgehärtet, dass sie keines Feuers und keiner gewürzten Speise bedürfen, sondern von den Wurzeln wilder Kräuter und dem halbrohen Fleisch von jedwedem Getier leben, das sie zwischen ihre Schenkel und den Pferderücken legen und etwas erwärmen.«

Das war alles neu für die Römer. Noch niemals gesehen hatte man auch die merkwürdige Form des Kopfes bei einigen Hunnen, vorzugsweise bei den Frauen. Deren Schädel waren nach oben ausgedehnt, mehr lang als oval. Wie man heute weiß, entsprach das dem Schönheitsempfinden auch anderer Nomadenvölker. Um diese Form zu erreichen, wurde nach der Geburt der Kopf des Kindes bandagiert und dadurch seine Form nach oben »verlängert«. Berichtet wird zudem, dass die Hunnen dem männlichen Nachwuchs im Babyalter die Wangen zerschnitten, um sie schon frühzeitig an Schmerz zu gewöhnen. Deswegen waren fast alle Männer später bartlos.

> **Die Neuankömmlinge aus dem Osten schienen nicht zu wissen, was sie mit ihrer Macht anfangen sollten.**

Das Schlimmste jedoch war das militärische Können der Hunnen. Als Nomaden an den Umgang mit Pferden gewöhnt, verbrachten sie die meiste Zeit im Sattel der kleinen, stämmigen, aber sehr ausdauernden Tiere. Im Kampf setzten die Krieger mit Vorliebe ihre Bogen als Hauptwaffe ein, mit denen sie – in vollem Galopp – auf 50 bis 70 Meter Entfernung treffen konnten. Die Reiter waren gefürchtet, denn die meisten Gegner beherrschten diese Kunst nicht. Als weitere Waffen dienten ein etwa 90 Zentimeter langes, zweischneidiges Schwert sowie eine Art Dolch. So ausgerüstet waren sie äußerst beweglich und auf den Nahkampf spezialisiert – ein immenser Vorteil gegenüber der klassischen Kriegführung, die sich noch an der Schlachtordnung orientierte.

Um es zusammenfassend mit einem Zitat von Gerhard Wirth (›Attila. Das Hunnenreich und Europa‹) auf den Punkt zu bringen: »Das Phänomen der reiternomadischen Existenz« war eine Erscheinung, »mit der der Westen vorerst nicht zu Rande kam«. Doch die Neuankömmlinge aus dem Osten schienen nicht zu wissen, was sie mit ihrer Macht anfangen sollten. Sesshaft werden, weiterziehen, sich mit anderen Völkern oder Stämmen zusammenschließen? Letztlich fielen sie einem diplomatischen Trick der Römer zum Opfer, den diese schon seit Jahrzehnten mit wechselndem Erfolg anwendeten. Die Devise lautete: Die Barbaren an sich binden.

In der Praxis sah das so aus, dass das Römische Reich mit den Fremden Verträge schloss, die diese verpflichteten, im Auftrag des Imperiums Verteidigungsaufgaben an den Grenzen zu übernehmen und Truppen zu stellen. Die »Föderaten« (von »foedus«, lateinisch »Bündnis«) erhielten dafür Getreide, oft viel Geld in Form von Gold und Münzen, in manchen Fällen auch Siedlungsgebiete auf römischem Boden oder an dessen Peripherie. Der Sinn dieser Diplomatie: Das Reich hatte dadurch eine Art Pufferzone, die es vor überraschenden Angriffen schützte, legte den Schwerpunkt der kriegerischen Aktivitäten auf die Schultern der Verbündeten und entlastete die eigene Bevölkerung.

> **Die »wilden« Hunnen zum Beispiel waren beliebt als Leibwachen von Kaisern und deren Feldherrn.**

Solche Verträge wurden mit den Goten, den Hunnen und anderen »Barbaren« geschlossen, sie sorgten eine Zeit für Ruhe an den Grenzen. Auf diese Weise dienten im römischen Heer immer mehr Fremde.

Die »wilden« Hunnen zum Beispiel waren beliebt als Leibwachen von Kaisern und deren Feldherrn oder wurden in einigen Fällen als Spezialtruppen zu Hilfe gerufen, um aufsässige Stämme zu bekämpfen. Doch das System hatte seine Tücken. So kämpften in der verhängnisvollen Schlacht von Adrianopel auf römischer Seite viele Söldner gegen den Feind – und eben auch Goten gegen Goten. Das war nicht hilfreich für die Moral der Truppe und soll, wie erwähnt, auch zur Niederlage des Kaisers beigetragen haben. Zudem erhoben sich immer wieder »Verbündete« gegen den Partner. Das beste Beispiel ist der König der Westgoten, Alarich, der, ursprünglich ein Heerführer im Solde der Römer, große Teile des Imperiums verwüstete und schließlich im Jahr 410 Rom eroberte und plünderte.

Über die Hunnen weiß man aus dieser Zeit recht wenig. Sie scheinen sich, wie aus Funden hervorgeht, in Ostungarn und in Teilen des heutigen Rumänien niedergelassen zu haben. Um 400 taucht zum ersten Mal ein konkreter Herrschername bei den Hunnen auf: Uldin. Offensichtlich vereinte er einen Großteil der Hunnenstämme und verdingte sich als Bundesgenosse der Römer. Dies hielt ihn und seine Truppen aber nicht davon ab, immer wieder auf römisches Territorium vorzudringen. 409 zogen Hunnen marodierend durch die römische Provinz

> **Mit Attila ist wie mit keiner anderen historischen Gestalt der Begriff »Hunnen« verbunden.**

Thrakien. Der nächste überlieferte Anführer, Ruga, führte diese Taktik fort. Auch er stellte zeitweise den Römern Söldner zur Verfügung – und plünderte wenig später die Grenzländer des Reiches. Um weitere Raubzüge zu verhindern, schlossen die Oströmer einen Vertrag mit den Hunnen und zahlten dafür Tribut: 350 Pfund Gold jährlich.

Rugas Nachfolger werden seine beiden Neffen, Bleda und Attila. Mit Letzterem ist wie mit keiner anderen historischen Gestalt der Begriff »Hunnen« verbunden. Wann die Brüder geboren wurden, ist nicht bekannt. 434 treten beide nach dem Tod des Onkels die Herrschaft an, und ihr erster Auftritt könnte nicht martialischer sein: Sie erneuerten den Vertrag mit Ostrom (nun waren jedes Jahr 700 Pfund Gold zu zahlen) und erzwangen die Auslieferung zweier hoher hunnischer Flüchtlinge – die sie dann vor den Augen der römischen Delegation hinrichten ließen.

Attila (der Name ist wohl germanisch-gotischen Ursprungs und bedeutet »Väterchen«) wird später, vor allem im Mittelalter, die »Geißel Gottes« genannt. Noch heute steht »Hunnen« für den Inbegriff des Schreckens, und im Zweiten Weltkrieg nannten die Engländer die Deutschen »huns« – Hunnen. Die Charakterisierung Attilas wie auch die seines Volkes ist auf die sehr subjektiven Berichte der Zeitgenossen zurückzuführen, die sich vom ungewohnten Äußeren dieser bis dahin nie gesehenen Barbaren und deren Kriegführung leiten ließen. Denn: Von herausragenden Grausamkeiten der Hunnen ist nirgendwo die Rede, im Morden, Brandschatzen und Plündern standen ihnen die anderen »Barbaren« in nichts nach. Andererseits zeigt die Kennzeichnung als »Geißel Gottes«, »wie groß das Erschrecken über den Hunneneinfall im 5. Jahrhundert war«, so Magdalena Maczynska. Ähnlich ging es übrigens auch den Vandalen, deren »Vandalismus« durch nichts begründet ist, außer dass sie (wie andere vor ihnen) Rom und Italien plünderten.

Attila war seit 445 Alleinherrscher. Seinen Bruder und Mitregenten Bleda ließ er vermutlich ermorden, auch dies ist in jener Zeit nicht ungewöhnlich. Über Attila selbst gibt es eine sehr genaue Beschreibung, verfasst von Priscus, einem griechischstämmigen Römer. Er gehörte zu einer Delegation aus Ostrom, die sich 448/449 am Hofe Attilas aufhielt. Nach einem Besuch bei der Witwe Bledas (»Sie schickte uns Proviant und schöne Mädchen, mit denen wir der Liebe pflegen sollten«) wurden sie vom Hunnenkönig empfangen. In einem Dorf, schreibt Priscus, »stand ein stattliches Haus, das größer und schöner war als alle anderen Wohnsitze Attilas. Es war aus Balken gefügt, hatte getäfelte Wände und war rings von einem Palisadenzaun umgeben, nicht zum Schutz, sondern zur Zierde.« Entgegen der Meinung, dass Hunnen als Nomaden nur in Zelten lebten, verfügten sie über feste Häuser, die wohl von gotischen Kriegsgefangenen gebaut worden waren.

Der Römer beschreibt Attila als einen Mann »von kurzer Statur, breiter Brust, mächtigen Hauptes, schlitzäugig, mit spärlichem und grauem Barthaar, plattnasig und dunkelhaarig«. Ferner »besaß er alle Merkmale hunnischer Herkunft«. Priscus schildert dann das Festmahl: »Den Barbaren und uns wurden auf Silbertellern erlesene Speisen vorgesetzt. Attila jedoch erhielt nur einen Holzteller mit Fleisch. Er zeigte sich auch sonst überaus mäßig (...) Schlicht war auch sein Gewand, das durch fleckenlose Reinheit hervorstach. Weder sein Schwert, das er am Gürtel trug, noch die Bänder an den Sandalen, die er nach Barbarensitte anhatte, noch das Geschirr seines Rosses waren wie bei den übrigen Hunnen mit Gold, Edelsteinen oder anderem Zierrat geschmückt.«

Delegationen wurden immer wieder zwischen Hunnen, Ost- und Weströmern hin- und hergeschickt. Doch die meisten Gesandten kamen aus dem Hunnenreich: Attila hatte festgestellt, dass seine Leute stets mit üppigen Geschenken zurückkehrten. Das Verhältnis beider Teile des Römischen Reiches zu Attila und den Hunnen war von einem Auf und Ab geprägt. 436 vernichtete der weströmische Feldherr Aëtius das Burgunderreich – mit starker Hilfe der Hunnen. Aus diesem Ereignis ist später die Nibelungensage entstanden, die Attila als Hunnenkönig Etzel ein Denkmal für die Ewigkeit setzt.

Andererseits fielen Hunnen mit steter Regelmäßigkeit in das Reich ein. Thrakien und Griechenland waren ihre Ziele, einmal tauchten sie sogar in der Nähe Konstantinopels auf. Um dem ein Ende zu bereiten, griffen die Römer auf ihre bewährte Taktik zurück: Sie zahlten. Historiker haben berechnet, dass Attila in den 40er-Jahren des 5. Jahrhunderts etwa 13.000 Pfund Gold erhielt, davon 6000 Pfund allein im Jahr 447. Die Hunnen bekamen unter allen Barbarenvölkern die höchsten Tribute – Attila konnte

> **Aus diesem Ereignis ist später die Nibelungensage entstanden.**

den Preis diktieren. Überliefert ist auch, dass die meisten Zahlungen in Goldbarren erfolgten, denn die Hunnen misstrauten römischen Münzen, die oft gefälscht oder aus minderwertigem Material waren.

449 hatte Attila den Höhepunkt seiner Macht erreicht. Zeitweilig stand der Hunnenkönig sogar als offizieller Heerführer auf der Gehaltsliste des Römischen Reiches. Die Welt fürchtete ihn. Doch die Wirklichkeit sah etwas anders aus. Tatsächlich konnte Attila nicht über ein einheitliches Reich gebieten, wie es zum Beispiel der oströmische Kaiser tat. Es gab keine Hauptstadt, keine klaren Grenzen und nicht alle Hunnenstämme gehorchten dem König. Viele Männer dienten als Söldner in anderen Armeen, und im Land selbst lebten un-

terworfene Goten, Alanen oder Gepiden, mit denen sich die Hunnen vermischten. Wie auch seine Vorgänger versuchte Attila, sein Nomadenvolk dem westlichen Lebensstil zuzuführen und einen Staat aufzubauen. Doch noch war dies ein gefährlicher und lange währender Spagat zwischen den gänzlich verschiedenen Kulturen.

Attila rüstete um 450 zum Krieg, um seine Macht auszuweiten. Ziel war Gallien, der weströmische Teil des Reiches. Erwähnt werden muss an dieser Stelle eine Episode, die bei den Hunnen-Experten umstritten ist, angeblich aber den Anlass zum Feldzug Attilas lieferte. Iusta Grata Honoria, Schwester des weströmischen Kaisers Valentinian III., war eine lebenslustige, unverheiratete Römerin. Am Hof des Kaisers (mittlerweile war die Hauptstadt in das besser geschützte Ravenna verlegt worden) ließ sie sich mit einem Hofbeamten ein und bekam ein Kind. Um die Schande zu vertuschen, sollte sie einen angesehenen Senator ehelichen. Honoria wehrte sich mit allen Mitteln dagegen und schickte durch einen Boten einen Ring zu Attila, mit der Aufforderung, sie zur Frau zu nehmen.

> **Attila hatte den Nimbus des »Unbesiegbaren« verloren.**

Der Hunnenkönig hielt prompt um die Hand der kaiserlichen Schwester an, natürlich, wie damals üblich, mit entsprechenden Gebietsforderungen als Beigabe. Valentinian lehnte entrüstet ab, Attila zog in den Krieg. Für einen der besten Hunnen-Kenner, den Historiker Otto Maenchen-Helfen, trägt die Geschichte allerdings »ganz den Stempel byzantinischen Hofklatsches«.

Fest steht, dass sich Attila Ende 450 mit einem Heer von 30.000 Mann auf den Weg nach Gallien machte. In seiner Truppe waren neben den Hunnen Ostgoten, Gepiden, Alanen, Skiren, Rugier, Burgunder und Thüringer. Die Städte Metz, Reims und Orléans fielen der Invasionsarmee zum Opfer. Von Italien rückte der Feldherr Aëtius an. Er hatte nur ein kleines Heer, zu dem in Gallien ebenfalls Söldner dazustießen: Rheinfranken, Alanen, Salier, Burgunder, Sachsen und schließlich noch eine zahlenmäßig starke Gruppe von Westgoten. Tragik der Geschichte: Aëtius hatte in jungen Jahren am Hof des Hunnenkönigs gelebt, er kannte wohl Attila persönlich. Der römische Heerführer war lange ein Freund der Hunnen gewesen, die ihn oft aus brenzligen Situationen gerettet hatten.

Am 20. Juni 451 standen sich die beiden Armeen auf den Katalaunischen Feldern zwischen Troyes und Châlons-sur-Marne gegenüber. Nachmittags gegen drei Uhr begannen die Kämpfe – und Attila verlor. Warum, ist nicht bekannt. Vermutlich war die gefährlichste Waffe der Hunnen, die wilden Reiter, nicht mehr so effektiv, weil sich der Gegner darauf einstellte. Und offenbar hatten es die Römer leichter, ihre Hilfstruppen zu befehligen, als dies für Attila der Fall war. Aëtius sah von einer Verfolgung der Hunnen ab, und Attila konnte sich

> **Das Ende Attilas ist eigentlich eines Helden unwürdig.**

in sein befestigtes Lager zurückziehen. Dort hatte er für den Fall einer Niederlage und um der schmachvollen Gefangenschaft zu entgehen schon einen Scheiterhaufen aus Holzsätteln errichten lassen, um sich selbst zu verbrennen. Doch dazu kam es nicht. Die Hunnen machten sich auf den Weg zu ihren heimatlichen Gefilden an der Donau. Attila hatte den Nimbus des »Unbesiegbaren« verloren.

Noch einmal verbreiteten die Hunnen Angst und Schrecken, als sie 452 in Norditalien einfielen und Städte wie Brescia, Bergamo und Mailand eroberten. Von einem Marsch auf Rom ließ sich Attila abhalten: Der Legende zufolge hielt ihn Papst Leo I. persönlich von diesem Schritt zurück. Berichtet wird, dass er Attila an das Schicksal Alarichs erinnerte, der kurze Zeit nach der Plünderung Roms plötzlich gestorben war. Auch dies scheint den wilden Hunnen in seinem Entschluss zur Umkehr bestärkt zu haben.

Das Ende Attilas ist eigentlich eines Helden unwürdig. Ein Jahr nach dem italienischen Abenteuer starb der Hunnenkönig – in der Hochzeitsnacht. 453 heiratete Attila, der aus seinen vielen offiziellen Verbindungen angeblich 150 Söhne hatte, die Germanin Ildiko. Offenbar in ihren Armen erlitt er einen tödlichen Blutsturz. Dem Ende Attilas folgte das Chaos. Wechselweise versuchten einige seiner Söhne zu regieren, doch das Hunnenreich erlangte nie wieder jene Macht, die es zuvor gehabt hatte.

453 oder 454 besiegten ehemalige Vasallen wie Gepiden, Ostgoten, Rugier und Skiren mit vereinten Kräften am Fluss Nedao in Pannonien ein hunnisches Heer. Angeblich blieben 30.000 getötete Hunnen auf dem Schlachtfeld. Damit endet die Geschichte der Hunnen. Viele ließen sich im Römischen Reich nieder, andere wanderten wieder

nach Osten und siedelten sich am Dnjepr an. So plötzlich, wie sie gekommen waren, verschwanden sie auch. Was ist von den Hunnen geblieben? Lassen wir zwei Historiker zu Wort kommen. Für Magdalena Maczynska ist der Auftritt der Hunnen das »verhängnisvollste Ereignis der Spätantike und vielleicht eines der wichtigsten in der Geschichte der Menschheit überhaupt«. Und zu Attila bemerkt Gerhard Wirth: »Indirekt (...) tat sein Auftreten das Seine, das Ende der Antike wenn nicht herbeizuführen, so doch zu beschleunigen, und schon wenige Jahre nach seinem Tode hat das Römische Imperium im Westen aufgehört zu bestehen.«

Kaiser, Generäle und starke Frauen

Wer kann das Römische Imperium noch retten?

Von Tobias Bitterer und Sascha Priester

Habe ich nicht alles versucht? Ich kämpfte gegen die Goten und habe ihnen schließlich auf unserem Boden eine Heimat gegeben. In der Hoffnung, aus diesen Barbaren Römer zu machen – oder zumindest Waffenbrüder. Und ich legte mich mit den Staatsbeamten an, diesen vollgefressenen Säcken, um die Korruption in ihren Reihen auszumerzen. Und meine Soldaten, die Legionen Roms? Sie sind nicht besser als die Staatsdiener: Seit Jahrhunderten ernennen sie jetzt ihre eigenen Generäle zu Kaisern – je nachdem, wie viel Geld der jeweilige Kandidat dafür springen lässt.« So mag Kaiser Theodosius I. (379–395) in stillen Stunden vor sich hin sinniert haben. Um sein Reich stand es nicht zum Besten: Die Völkerwanderung zog über das Imperium hinweg. Im Innern des Staates war die politische und moralische Auflösung nicht mehr zu verheimlichen. Aber auch als Theodosius heiratete, fand er keinen Frieden. Denn jetzt hatte er seine größten Schlachten zu schlagen: für die eigene Familie.

Theodosius I.: Für seinen Schwager soll er den Westen des Reiches zurückerobern Längst war die Stadt Rom nicht mehr der einzige offizielle Sitz des Kaiserhauses. Der Herrscher favorisierte als Residenzen Konstantinopel – das »neue Rom« am Bosporus – und die nordgriechische Metropole Thessalonike. Dort gewährte Theodosius einem besonderen Gast Unterschlupf: seinem weströmischen Kaiser-Kollegen und Schwager Valentinian II. Es handelte sich nicht um einen Familienbesuch, sondern um eine Notlage: Valentinian war mit seiner Mutter vor einem Rivalen aus Mailand geflüchtet. Nun sollte Theodosius alles wieder geradebiegen. »Für Schwiegermama und Schwager!« zog Theodosius nach Italien und besiegte den Thronräuber. Valentinian wurde zwar wieder eingesetzt, aber nie glücklich. Im Jahr 392 fand man ihn im Palast erhängt. Der Verdacht auf Selbstmord liegt nahe.

Jetzt hatte Theodosius ein weiteres Problem: Der neue Gegner und Kaiser im Westen war als ehemaliger Hofintrigant nicht nur schuldig am Tod Valentinians, sondern auch ein Anhänger der alten Religion. Nicht, dass Theodosius (griechisch:»Gottesgeschenk«) immer ein glühender Verehrer Christi gewesen wäre. Erst mit 33 Jahren hatte er sich taufen lassen. Doch nun wollte Theodosius die ihm gefährliche »heidnische« Clique für immer zerschlagen. Mit 100.000 Soldaten und gotischen Hilfstruppen marschierte er los. Am 6. September 394 hieß es dann im italienisch-slowenischen Grenzgebiet»Römer gegen Römer«: Der feindliche Kaiser Eugenius und dessen Elitetruppen fielen. Ein Blutzoll, den das Imperium nie wieder verkraftete. Schließlich standen die Barbaren bereits vor der Tür, um Italien in den nächsten Jahrzehnten zu verwüsten. Doch so weit dachte Theodosius nicht; er feierte seinen Sieg. Ein Jahr später starb er und hinterließ seinen Söhnen die Herrschaft: Honorius sollte im Westen, Arcadius im Osten herrschen. Die Reichsteile begannen sich auseinanderzuentwickeln – und Westrom ging stürmischen Zeiten entgegen.

Galla Placidia: Was will die Tochter des Theodosius bei den Westgoten?   Die nächste Hauptperson unseres Dramas ist eine Tochter des Theodosius aus zweiter Ehe: Galla Placidia. Beim Tod des Kaisers war sie erst fünf Jahre alt. Als vornehme Vollwaise wuchs sie in der Familie des Heerführers Stilicho auf. Dieser Sohn eines Vandalen und einer Römerin galt als der Aufsteiger Westroms schlechthin: Stilicho war mit der Nichte des Theodosius verheiratet und zum Vormund seines Sohnes Honorius ernannt worden. Dann kam Gerede auf:

»Habt Ihr es schon gehört? Man flüstert es sich in den Palastfluren zu und in den Straßen Mailands, Ravennas und Roms: Stilicho, der oberste Heermeister, möchte seinen Sohn verheiraten. Die Auserwählte ist keine Geringere als die edle Galla Placidia, die 15-jährige Tochter unseres alten Kaisers Theodosius. Dadurch wird Stilichos Familie noch mächtiger. Möchte Stilicho für seinen Sohn die Kaiserkrone beanspruchen? Oder selbst Imperator werden?« Es hieß sogar, Stilicho wollte für die Krone mit den Barbaren gemeinsame Sache machen. Die offizielle Reaktion des Kaiserhauses: Im Jahr 408 wurde der Feldherr in Ravenna hingerichtet, zusammen mit seinem Sohn. Nun stand man in Italien ohne Truppen und Feldherrn da. Schlimm für das Reich, schön für die Westgoten: Unter ihrem Anführer Alarich plunderten sie drei Tage lang Rom, bis sie durch Italien nach Gallien abzogen.

Und wieder erschütterte ein Gerücht die Grundfesten des Reiches: »Galla Placidia, die Tochter des Theodosius, soll zu unseren Todfeinden übergelaufen sein. Und noch schlimmer: Sie soll sogar den neuen Gotenkönig Athaulf geheiratet haben.« Und tatsächlich: Aus der üblen Nachrede wurde eine Tatsache – und damit ein handfester Skandal. Seit 414 regierte die damals erst 24-jährige Kaisertochter Galla Placidia als Königin der Westgoten. Doch ihr Traum, auf diese Weise näher an den römischen Thron heranzukommen, scheiterte. Denn nach nur einem Jahr Ehe wurde sie Witwe, als Athaulfs eigene Männer den Gotenkönig umbrachten. Der neue Gotenherrscher zeigte keine große Lust, Römer zu werden oder Galla Placidias weibliche Reize zu erforschen. Er lieferte die Kaisertochter gegen ein sattes Lösegeld an die Römer aus. Wieder daheim, erwartete Galla Placidia überraschenderweise keine Bestrafung, zumindest keine offensichtliche – sondern ein neuer Ehemann. Das Glück währte nur kurz: Der neue Gatte Constantius, von dem sie die Kinder Honoria und Valentinian bekam, starb 421, kaum, dass er von Honorius zum Mitkaiser ernannt worden war. Und Galla Placidia? Mit 31 Jahren war sie wieder Witwe.

Schon wieder wechselt der Schauplatz dieses Berichts: Galla Placidia verkrachte sich mit ihrem Bruder Honorius und zog von Italien an den Hof von Konstantinopel. Der oströmische Kaiser hatte allerdings große Bedenken, sie nach dem Tod des Honorius wieder nach Westrom zu lassen. Doch am Ende langer Diskussionen durfte Galla Placidia nach Ravenna zurückkehren – und dort ihren erst sechsjährigen Sohn Valentinian III. auf den Thron des Westreichs setzen. Die nächsten zwölf Jahre lenkte Galla Placidia als Vormund und Kaiserin die Geschicke des Reiches. Um ihre Vorhaben durchzusetzen – die Kirche und das Römische Recht als kaiserliche Stützen zu stärken –, musste sich die mächtige Witwe allerdings auch auf jemand anderen verlassen: auf ihren obersten Heermeister. Das nächste Verhängnis nahm seinen Lauf, denn um diesen Posten entbrannte ein erbitterter Kampf der fähigsten Feldherrn, in dem sich schließlich ein Mann namens Aëtius durchsetzte. Mit wenig christlichen Mitteln räumte Aëtius seine Rivalen Flavius Felix und Bonifatius aus dem Weg. Im Jahr 437 war der 18-jährige Valentinian schließlich alt genug, alleine zu regieren. Der junge Kaiser hatte sich unter dem Einfluss des Aëtius immer mehr von seiner Mutter entfremdet. Galla Placidia zog die Konsequenzen: Sie kehrte dem Hof den Rücken und wollte ihren Lebensabend in Rom verbringen.

Honoria: Die Schwester des Kaisers will den Todfeind Roms heiraten: Hunnenkönig Attila »Das Reich zerfällt immer mehr. Jetzt sind Geiserichs Vandalenhorden auch nach Nordafrika eingefallen. Ihre Flotten machen die Küste Siziliens und das gesamte westliche Mittelmeer unsicher. Und auch in Spanien geht alles verloren: Die Westgoten haben dort ein eigenes Königreich errichtet.« Die Schreckensmeldungen, die den kaiserlichen Hof aus den Provinzen erreichten, übertrafen alles bisher Dagewesene. In dieser unruhigen Epoche war der Kaisermutter Galla Placidia nicht einmal privater Friede vergönnt: Ihre Tochter Honoria war mit einem Diener ins Bett gestiegen und hatte dort erfolgreich das Jungfräulichkeitsgelübde gebrochen. Was tun? Valentinian III. war außer sich und wollte seine Schwester nun mit einem Senator verheiraten. Der traf wohl nicht ganz ihren Männergeschmack. Und so heckte Honoria nun angeblich einen Geheimplan aus und schreckte nicht davor zurück – wie ihre Mutter Galla Placidia Jahrzehnte früher bei den Goten –, sich mit Roms Feinden einzulassen:

»Honoria hat einen Brief an den Hunnenkönig Attila geschrieben. Und wisst Ihr, was sie wollte? Sie bat Attila, seine Frau zu werden. Und stellt Euch vor: Als Treuepfand hat sie ihm ihren Ring geschickt. Die Schwester des Kaisers will als Königin der Hunnen herrschen, als Gattin der Geißel Gottes. Ich sag's Euch ja – wie die Mutter, so die Tochter, genauso verdorben.« Als dieses Komplott zum Kaiser vordrang, wollte der seine Schwester sofort hinrichten lassen. Doch schließlich hörte er auf die Bitten seiner Mutter – und schonte das Leben Honorias. Ob es sich bei dieser Story nun um Hofklatsch oder eine Tatsache handelt: Jetzt beanspruchte Attila Teile des Weströmischen Reiches für sich. Als die Römer ihm dies verweigerten, fiel der Hunnenkönig in der Provinz Gallien ein. Über Honorias weiteres Schicksal ist nichts bekannt; möglicherweise wurde sie zu lebenslanger Kerkerhaft im goldenen Käfig des Palastes verdammt. Galla Placidia hat dieses Ende nicht miterlebt: Sie starb am 27. November 450 in Rom.

Valentinian III.: Die Eifersucht auf seinen General macht ihn zum Mörder – und stürzt das Reich ins Chaos Nun folgt der Schlussakt dieser turbulenten Geschichte, der sich auf zwei Männer konzentriert: Kaiser Valentinian III. und seinen Feldherrn Aëtius. Als die Hunnen Gallien angriffen, waren diese Barbaren für den römischen Oberbefehlshaber Aëtius alte Bekannte: Schließlich hatte er bei ihnen einen Teil seiner Jugend als Geisel verbracht. Und als ihm die Allianz von Galla Placidia und ihrem General Bonifatius zusetzte, war er für kurze Zeit bei den Hunnen untergetaucht. Nun war alles anders: Aëtius wollte die letzten Reste des Weströmischen Reiches gegen Attila und seine Horden verteidigen. Schnell formte er eine »Allianz der Willigen« – aus Römern, in Gallien siedelnden Franken und sogar seinen alten Feinden, den Westgoten. In der Schlacht auf den Katalaunischen Feldern (bei Châlons-sur-Marne) gelang es dieser ungewöhnlichen Koalition am 20. September 451, den Vorstoß der Hunnen zu stoppen. Attila musste sich aus Gallien zurückziehen. Auch wenn er später noch für kurze Zeit nach Italien vorrückte, war der Mythos der unbesiegbaren Hunnen gebrochen. Nach Attilas Tod 453 brach das Hunnenreich auseinander. In Westrom zog hingegen neues Unheil herauf:

»Vielleicht hat Aëtius nur gewonnen, weil er sich insgeheim mit den Hunnen verbündet hat? Vielleicht will Aëtius selbst Kaiser von Westrom werden? Aëtius ist ein zweiter Stilicho – er ist Euch gefährlich, Majestät.« So intrigierten die Höflinge und besiegelten damit das Ende von Roms letztem großen Feldherrn. Denn Valentinian III., der zeitlebens im Schatten seiner Mutter Galla Placidia und seines Feldherrn gestanden hatte, war zerfressen von Eifersucht, Neid und Hass. Der Kaiser wollte seine verlorene Macht – in Wahrheit hatte er sie nie – zurückhaben. Doch er wagte es nicht, Aëtius zu entmachten oder in einem offenen Prozess anzuklagen. Noch dazu hatte er Gaudentius, dem Sohn des Aëtius, die Hand seiner Tochter versprochen.

Schließlich diktierten die Intriganten das Vorgehen: Im September 454 hatte Aëtius eine »tödliche Audienz« bei Valentinian; der Feldherr wurde vor den Augen des Kaisers ermordet. Die Folgen des Attentats: In Dalmatien rief Marcellinus, ein treuer Offizier des Aëtius, ein eigenes Reich aus. Das römische Gallien ging endgültig verloren – was Valentinian III. nicht mehr erleben sollte.

»Wie eine giftige Kröte ist der Kaiser allein auf seinem Thron gesessen. Er hat niemandem mehr vertraut, war cholerisch und rachsüchtig. Niemand konnte sich vor seinen Wutanfällen und Verschwörungstheorien sicher fühlen. Dann haben ein paar Offiziere dem Wahnsinn ein Ende gemacht und ihn erschlagen. Keiner kam ihm zu Hilfe. Die Mörder haben seine Leiche einfach in der Ecke des Thronsaales liegen gelassen. Man sagt, sie wären Freunde des Aëtius gewesen.« Das Reich überlebte den Herrscher nur noch knapp zwei Jahrzehnte, dann wurde der Albtraum Valentinians im Jahr 476 Wirklichkeit: Der germanische Heermeister Odoaker setzte den letzten Kaiser ab – ein General hatte das Weströmische Reich zerschlagen.

Justinian, Theodora & Co.
In Byzanz herrschten sie über die Welt

Von Britta Quebbemann

Januar 532: Horden von Menschen ziehen plündernd durch die Straßen von Konstantinopel. Es riecht nach Feuer, die halbe Stadt brennt. Tote liegen auf dem Boden. Eine entfesselte Menge ruft »Nika« (griechisch für »Sieg!«) und wendet sich damit eindeutig gegen die Regierung. Die Aufrührer strömen zum Kaiserpalast und stecken auch diesen in Brand. Die größte Kirche, die Hagia Sophia, ebenso Teile des Palastviertels werden zerstört. Die Verwüstungen ziehen sich über Tage hin, die Gegenmaßnahmen des Kaisers Justinian greifen nicht. Am Ende will er fliehen.

Doch seine zierliche Frau Theodora, die mit der Dynamik der Massen vertraut ist, weigert sich, die Hauptstadt zu verlassen. Vor dem versammelten Hof hält sie eine Rede: »Nach meiner Ansicht ist eine Flucht zum jetzigen Zeitpunkt weniger angebracht als je, mag sie uns auch vorläufig in Sicherheit bringen. Jeder Mensch, der geboren wird, kann unmöglich dem Tod entgehen; für einen Kaiser müsste es unerträglich sein, im Exil zu leben. Ich persönlich will nie von diesem Purpur lassen; ich möchte nie den Tag erleben, an dem man mich nicht mehr mit ›Domina‹ begrüßt. Wenn du, mein Kaiser, dich in Sicherheit bringen willst, dann tue es … Doch bedenke gut, ob du nicht in der gewonnenen Sicherheit den Tod lieber hättest. Was mich betrifft, so halte ich mich an die alte Weisheit: Der Purpur ist ein schönes Leichentuch.«

Ob diese Rede tatsächlich so gehalten wurde, ist nicht sicher. Faktisch aber wendete sich das Blatt. Mit kluger Strategie, Glück und äußerster Brutalität gelang es den beiden führenden Feldherren Belisar und Narses mit ihren Truppen, den Aufstand niederzuschlagen. Am Ende bedeckten mehr als 30.000 Leichen den Boden des Hippodroms, in dem sich das rebellierende Volk versammelt hatte, um einen neuen Kaiser auszurufen. Die Gründe für die Unzufriedenheit sind umstritten. Möglicherweise wollten die sogenannten Zirkusparteien mehr Einfluss gewinnen – oder die Steuern, die der Ausrüstung der

Heere und der Finanzierung von Feldzügen dienten, waren den Bewohnern der Stadt zu hoch.

Der Hippodrom, eine riesige Arena, die mehr als 80.000 Zuschauer fasste, bot Kämpfe von Athleten, Wagen- und Pferderennen sowie Tierhatzen. Die »Nekra«, ein Totentor, diente dazu, die ums Leben gekommenen Verlierer der »Unterhaltungsshows« abzutransportieren. Hinrichtungen wurden hier vor Publikum zelebriert, daneben diente es als Bühne für Schauspieler, Tänzerinnen, Huren und Spaßmacher: eine Stadt in der Stadt. Die Zirkusparteien, auch Demen genannt und in »Grüne« und »Blaue« aufgeteilt, spielten in Konstantinopel eine große Rolle. Ihre Mitglieder stellten die Wagenlenker bei den Wettkämpfen, waren aber auch an Verwaltungsaufgaben beteiligt. Arbeit und Vergnügen überschnitten sich, und fast jeder Einwohner stand einer der beiden Gruppierungen nahe.

Theodora, die Kaiserin, war keine »Porphyrogennete«, keine Purpurgeborene, wie viele spätere Prinzessinnen, die in dem mit rotem Marmor verkleideten Gebärsaal des Palastes das Licht der Welt erblickt hatten. Sie war eine Frau von unten, geboren um 497 als Tochter eines Bärenführers im Hippodrom, wenn man dem spätantiken Historiker Prokop folgen will, der in seiner ›Geheimgeschichte‹ polemisch gegen die Kaiserin wetterte. Als sie dem Kaiser begegnete, soll sie schon ein bis zwei Kinder zur Welt gebracht haben. Sie war Tänzerin, Schauspielerin und vielleicht auch Gelegenheitsprostituierte, wie so viele Frauen am unteren Rand der Gesellschaft einer Stadt, in der die Kluft zwischen den Menschen in den Palästen und den Massen, die in den Untergeschossen des Hippodroms oder in großen Mietskasernen hausten, immens war.

> **In Byzanz waren die gesellschaftlichen Grenzen durchlässiger als anderswo.**

Dennoch: In Byzanz waren die gesellschaftlichen Grenzen durchlässiger als anderswo. Jeder, der über einen unversehrten Körper verfügte – diese Regelung schloss zum Beispiel Eunuchen aus –, konnte theoretisch zum Kaiser ernannt werden. Theodora hatte es geschafft. Um die ehemalige Tänzerin heiraten zu dürfen, hatte Justinian die Gesetze ändern lassen, die bis dahin eheliche Verbindungen zwischen Schauspielerinnen und Adligen untersagt hatten. Seither stand sie ihm loyal zur Seite.

Zur Zeit Justinians hatte Konstantinopel fast eine halbe Million Einwohner und war damit eine der größten Städte überhaupt. Über mehrere hundert Jahre bildete die Stadt das kulturelle Zentrum der christlichen Welt. Die Byzantiner sahen sich selbst als Römer, die Kaiser empfanden sich als direkte Nachfolger der römischen Caesaren, und Konstantinopel galt als das »neue Rom«. (Der Name Byzanz als Bezeichnung des Reiches

> **Justinian sah sich als Erneuerer, nicht nur in militärischer Hinsicht.**

wird erst seit der Neuzeit benutzt.) Die Ausdehnung des Oströmischen Reiches schwankte erheblich. Der Machtbereich weitete sich unter günstigen Bedingungen und fähigen Kaisern aus und zog sich zusammen, wenn andere Völker der Umgebung stärker wurden. Konstantinopel selbst war so gut befestigt, dass die Stadt als uneinnehmbar galt.

Zur Zeit Justinians und Theodoras, die etwa 525 geheiratet hatten und seit 527 gemeinsam regierten, erreichte das Reich seine größte Ausdehnung. Unter der Führung von Belisar und Narses wurde 533/34 das Vandalenreich in Nordafrika vernichtend geschlagen, und in den folgenden zwei Jahrzehnten eroberten die byzantinischen Truppen unter denselben Feldherren Italien von den Ostgoten zurück. Damit gehörte beinahe der gesamte Mittelmeerraum kurzzeitig wieder zum Oströmischen Reich. Schwieriger gestalteten sich die Kämpfe gegen die Perser. Sie endeten erst 562 mit einem Friedensvertrag, wobei Byzanz Tribut zahlen musste.

Justinian sah sich als Erneuerer, nicht nur in militärischer Hinsicht. Er versuchte, im Innern Reformen durchzusetzen, und befasste sich zudem mit religiösen Fragen. Eines seiner bedeutendsten Werke ist die Sammlung aller römischen Gesetze und Entscheide, die seither den Corpus iuris civilis bildet. Im Mittelalter gelangte es in bearbeiteter Form auch nach Deutschland und galt hier in manchen Ländern bis zum Inkrafttreten des ›Bürgerlichen Gesetzbuches‹ (1900).

Sein zweites Lebenswerk ist die Hagia Sophia, die er, gleich nachdem sie während des Nika-Aufstandes abgebrannt war, noch viel prachtvoller als zuvor unter Verwendung einer neuartigen Kuppeltechnik wieder errichten ließ. Wie alle oströmischen Kaiser vor und nach ihm sah er sich als der christliche Herrscher. Er ordnete die

Schließung der Athener Philosophenschule an, um die weitere Verbreitung neoplatonischer, heidnischer Lehren zu verhindern.

Theodora hatte ihre Vergangenheit nicht vergessen. Sie war eine überzeugte Christin, allerdings eher eine Anhängerin der von der offiziellen Kirche als Ketzerei verurteilten und von Justinian daher nicht tolerierten monophysitischen Lehre. Ihr zufolge sind in Christus nicht göttliche und menschliche Natur verbunden, sondern die göttliche habe die menschliche in sich aufgesogen. Die Frau des Kaisers setzte sich besonders für Prostituierte ein, ließ Kuppelei unter Strafe stellen und verbannte Bordelle aus der Stadt. Für Frauen, die aus der Branche aussteigen wollten, gründete sie einen Konvent, und sie soll auch Mädchen aus der Prostitution freigekauft haben.

Insgesamt sorgte Theodora dafür, dass Frauen mehr Eigentumsrechte erhielten. Die beeindruckende Kaiserin, deren stilisiertes Porträt in der Kirche San Vitale in Ravenna neben dem ihres Mannes zu sehen ist, erlag ohne legitime Nachfahren am 28. Juni 548 einem Krebsleiden. Justinian sollte sie um knapp zwanzig Jahre überleben, ehe er, im gleichen Jahr wie sein Feldherr Belisar, 565 im Alter von 83 Jahren starb. Sein Reich bildete zwar eine kulturelle und politische Einheit, war aber finanziell erschöpft.

So war es kein Wunder, dass schon kurz nach Justinians Tod Italien an die Langobarden verloren ging und die Perser sich nicht an den Friedensvertrag hielten, da die Tributzahlungen ausblieben. Die Balkangrenze war durch Slawen und Awaren bedroht – die nachfolgenden Kaiser hatten es nicht leicht.

Herakleios ergriff die Macht durch einen Putsch. Sein Vorgänger, der tyrannische Kaiser Phokas, hatte sich bei Teilen der Aristokratie unbeliebt gemacht und sich als unfähig erwiesen, die Angriffe der Perser abzuwehren. Der gleichnamige Vater des Herakleios, Statthalter von Karthago, plante seinen Angriff auf den Machthaber sorgfältig: So eroberte er Ägypten und

> **Herakleios ergriff die Macht durch einen Putsch.**

blockierte damit die Getreidezufuhr für Konstantinopel, das zu dieser Zeit vollständig von dem fruchtbaren Land abhängig war. Und er schickte eine Flotte unter der Führung seines Sohnes Herakleios direkt in die Hauptstadt. Unterstützt wurde die Aktion von der Partei der »Grünen« und von Sergios, dem Patriarchen von Konstantinopel.

Phokas wurde am 5. Oktober 610 gefangen genommen und hingerichtet, das Volk soll gejubelt haben. Es gibt einen Bericht von einer Begegnung zwischen Herakleios und Phokas, der vielleicht ins Reich der Legende gehört. Darin wird von einem kurzen, aber nicht unberechtigten Dialog erzählt: »Du hast das Reich ruiniert?«, fragte Herakleios, woraufhin Phokas geantwortet haben soll: »Wirst du es besser machen?« Zunächst sah es nicht so aus.

Noch am Tag der Hinrichtung seines Vorgängers wurde Herakleios mit der üblichen Zeremonie von Senat, Armee und Bevölkerung zum Kaiser ausgerufen und dann vom Patriarchen, mit dem ihn lebenslang eine enge Beziehung verbinden sollte, gekrönt. Gleichzeitig fand die Vermählung mit Fabia Eudokia statt. Seine Gattin gebar in kurzer Zeit eine Tochter und einen Sohn, starb aber bereits 612. Der Kaiser heiratete bald darauf gegen den Willen von Patriarchen und Volk Martina, die Tochter seiner Schwester. Mit Kindern war auch diese Ehe gesegnet, von neun bis elf davon ist in den Quellen die Rede, doch wurden die Nachfahren so wenig geschätzt wie ihre Mutter. Bei jedem militärischen Fehlschlag befürchteten die Byzantiner, dass Gott seine Gunst wegen dieser verwandtschaftlich zu engen Verbindung von Herakleios verweigert haben könnte.

> **Noch am Tag der Hinrichtung seines Vorgängers wurde Herakleios mit der üblichen Zeremonie von Senat, Armee und Bevölkerung zum Kaiser ausgerufen.**

Die Perser bedrohten weiterhin die östlichen Teile des Landes. 613 überfielen sie Damaskus, 614 nahmen sie Jerusalem ein, metzelten große Teile der christlichen Bevölkerung nieder, verschleppten Tausende, darunter den Patriarchen der Stadt, nach Persien, verwüsteten die Heiligtümer und entführten das Heilige Kreuz, das einst von Helena, der Mutter von Konstantin I., in Jerusalem entdeckt worden sein soll. Ägypten war zwischen 619 und 629 von Persern besetzt – eine Katastrophe für die Ernährungssituation im Byzantinischen Reich. Zudem war das Land von den afrikanischen Goldvorkommen abgeschnitten. 619 konnte Herakleios mit den Awaren einen Waffenstillstand aushandeln, musste dafür aber Tribut zahlen und Geiseln liefern.

Ab 622 startete Herakleios zum Gegenangriff in das Persische Reich. Seit langer Zeit setzte sich wieder ein Kaiser selbst an die Spitze des Heeres. Er galt als charismatischer Anführer. Während er sich an der Front befand, griffen Perser, Awaren und Slawen mit einem riesigen Heer und Belagerungsmaschinen Konstantinopel an (626). Sergios, der mutige Patriarch, bemühte sich wie schon einmal 618, als die Hauptstadt wegen ununterbrochener Angriffe beinahe nach Karthago verlegt worden wäre, den Widerstandswillen der Bevölkerung zu stärken. An den westlichen Toren ließ er Bilder der Heiligen Jungfrau anbringen und zog in einer großen Prozession mit einer kostbaren Ikone um die Mauern der Stadt. Er hatte Erfolg: Die Angreifer zogen sich zurück.

Zu Beginn seiner Regierungszeit war die finanzielle Situation des Reiches so desolat, dass Herakleios im Jahr 615 die zivilen und militärischen Gehälter um die Hälfte kürzte und eine neue Währung einführte. Er ließ Statuen und Kirchenschätze einschmelzen, um Geld für die Kriegszüge zu gewinnen, daneben bemühte er sich, eine zentrale Finanzverwaltung aufzubauen. Ob Herakleios selbst das Reich tatsächlich in »Themen« genannte militärische Bezirke gegliedert hat, ist umstritten. Derzeit tendieren die Historiker dazu, dies als einen längeren Prozess zu betrachten. Diese »Themen« wurden jeweils von einem »Strategen« geleitet. Bauern erhielten Landgüter gegen eine erbliche militärische Dienstpflicht, wobei Ausrüstung und Pferd von den als »Stratioten« bezeichneten Kriegern selbst finanziert werden mussten. Das Heer wurde schrittweise von einer Söldnerarmee in ein Berufsheer umgewandelt. Ab dem 8. Jahrhundert übernahmen die Einheiten auch zivile Aufgaben und lösten so allmählich die Provinzverwaltungen ab. Mitte des 10. Jahrhunderts war das Reich in 33 Themen gegliedert.

> **Herakleios zog im Triumph durch das Goldene Tor in Konstantinopel ein.**

Herakleios führte in seinem Herrschaftsgebiet Griechisch als Amtssprache ein und bezeichnete sich mit dem griechischen Wort für König oder Herrscher als »Basileus«. Er sah sich als gottgewollten Herrscher, und seine Feldzüge gegen die Perser hatten religiösen Charakter. Seine Soldaten glaubten, »Diener Gottes« zu sein, während sie in der Gegenseite die »Feinde des Herren« sahen.

628 siegte Herakleios bei Ninive gegen die Perser und drang in deren Land ein. Kurze Zeit später wurde deren König Chosrau II. von seinen eigenen Leuten gestürzt und getötet. Sein Sohn schloss Frieden, die Gefangenen wurden freigelassen und alle vorher eroberten Gebiete von den Persern geräumt. Herakleios zog im Triumph durch das Goldene Tor in Konstantinopel ein, und das Volk jubelte. Um 629 gelang es ihm, das Heilige Kreuz persönlich nach Jerusalem zurückzubringen. Dies war der Höhepunkt seiner Herrschaft, und es sollte der Beginn einer umfangreichen Legendenbildung sein. Noch immer wird am 14. September an die Wiedergewinnung des Kreuzes durch Herakleios erinnert.

Der Erfolg währte nur kurz. Neue Angriffe folgten von unerwarteter Seite. Arabische Stämme, die sich nach dem Tod Mohammeds (632) und internen Streitigkeiten unbemerkt von den Byzantinern zusammengeschlossen hatten, rückten in die vorher persisch besetzten Gebiete nach. 638 fiel Jerusalem, das Heilige Kreuz konnte gerade noch in Sicherheit gebracht werden. Herakleios kehrte als gebrochener Mann nach Konstantinopel zurück.

> **„Byzanz nahm eine führende Rolle in der christlichen Welt ein.‟**

Er empfahl seinen ehemaligen Untertanen, sich den neuen Machthabern nicht weiter zu widersetzen. Der ganze Osten des Reiches bis zum Antitaurus, dem Gebirge im Südosten der heutigen Türkei, wurde arabisch. Die folgenden 200 Jahre waren von ständigen Auseinandersetzungen mit den Arabern und den sich langsam als Staat etablierenden Bulgaren geprägt.

Die Zeit zwischen 843 und 1071 galt gemeinhin als die »heroische Epoche« des Reiches. Innerlich war das Land relativ stabil, und die Feinde von außen waren kontrollierbar. Einzig die Bulgaren versuchten immer wieder, ihr Territorium zu erweitern. Durch Handel, Handwerk und ein gut durchdachtes Finanzsystem war Byzanz unermesslich reich. Großen Gewinn erbrachte der Seidenhandel, der über die Stadt lief. Beliebt und entsprechend teuer waren die mit Purpur violett gefärbten Stoffe. Der gesamte Fernhandel mit dem Orient wurde über Konstantinopel abgewickelt: Kurz, Byzanz nahm eine führende Rolle in der christlichen Welt ein. Doch immer wieder gab es Auseinandersetzungen mit der Kirche in Rom, sei es um die Frage der Anbetung von Bildern, die von den Bilderstürmern vehement abgelehnt wurde, oder um die Frage des Vorrangs.

Seit 867 herrschte die »makedonische Dynastie«. Ihre letzte Phase in der Mitte des 11. Jahrhunderts war durch besonders schwache Kaiser gekennzeichnet, denen mit Michael Kerullarios ein starker Patriarch gegenüberstand. Ob die darauffolgenden Auseinandersetzungen mit Rom vor allem auf diese Konstellation zurückzuführen waren, ist unklar.

Weltliche Macht war in dieser Zeit einzig über die Töchter Konstantins VIII. zu erreichen, Frauen, die, als ihr Vater starb, die Blüte ihres Lebens schon überschritten hatten. Nur Zoe erklärte sich mit über vierzig Jahren bereit, einen Ehemann zu nehmen. Nachdem sie sich endlich dazu entschlossen hatte, soll sie – aber vielleicht war das nur üble Nachrede der Chronisten – so viel Spaß am Sex entwickelt haben, dass ihr erster Ehemann gezwungen war, zahlreiche Affären zu tolerieren. Dankbar war sie dafür nicht, er wurde nach kurzer Zeit ertränkt, wahrscheinlich von einem ihrer Liebhaber.

> **Papst Leo IX. befand sich in einer schwierigen Situation, denn er bemühte sich gerade, die Byzantiner für ein militärisches Bündnis gegen die Normannen zu gewinnen.**

Der mutmaßliche Täter wurde zwar anschließend Kaiser, doch auch ihm war kein Glück beschieden. Er starb, und sein vorher adoptierter Neffe nahm den Thron ein. Dieser versuchte, Zoe in ein Kloster zu verbannen, aber das Volk lehnte sich dagegen auf. Zoe und ihre Schwester Theodora regierten drei Monate lang allein, dann heiratete Zoe erneut, diesmal Konstantin IX. Monomachos, wiederum einen wenig durchsetzungsfähigen Mann. Im für das Folgende wichtigen Jahr 1054 hatte dieser den Kaisertitel inne, Zoe lebte nicht mehr.

Schon seit Mitte 1052 hatte es im Oströmischen Reich Auseinandersetzungen zwischen Lateinern, die sich an Dogmen, Liturgie und Gebräuchen der römischen Kirche orientierten, und den Anhängern des Patriarchen in Konstantinopel, Michael Kerullarios, gegeben. Es ging dabei um die Bartlosigkeit der Lateiner, ihren Gebrauch von ungesäuertem Brot zur Eucharistie, den Taufritus mit nur einmaligem Untertauchen, das Verbot der Priesterehe und die Beachtung des Sabbatfastens. Kerullarios ließ die lateinischen Kirchen schließen und forderte die Trennung von jenen Riten, die in Byzanz missfielen.

Papst Leo IX. (1049–1054) befand sich in einer schwierigen Situation, denn er bemühte sich gerade, die Byzantiner für ein militärisches Bündnis gegen die Normannen zu gewinnen, die den Kirchenstaat bedrohten. Grundsätzlich vertrat er die Auffassung, dass die Kirche von Rom sich nie irren werde noch sich jemals geirrt habe, weil die Person des Papstes in der Nachfolge Petri durch Gott eingesetzt worden sei. Kerullarios zeigte sich zunächst versöhnlich, da auch er und Konstantin IX. an einem antinormannischen Bündnis interessiert waren. In Briefen nach Rom ging der Patriarch nicht auf theologische Fragen ein, sondern beschränkte sich auf die politische Ebene. Er zollte der römischen Kirche grundsätzlich Respekt, ohne die Vormachtstellung des Papstes anzuerkennen.

> **Niemand ahnte damals, dass dies der Beginn der Kirchenspaltung sein sollte.**

Leo IX. antwortete mit der Entsendung von Kardinalbischof Humbert von Silva Candida und zwei weiteren Kirchenmännern an den Bosporus. Humbert galt nicht unbedingt als geschickter Diplomat, dafür aber als strikter Vertreter der römischen Linie, die die Vorherrschaft des Papstes über den byzantinischen Patriarchen vertrat. Die Delegation versuchte, Kerullarios von seinen Positionen abzubringen oder den Kaiser zur Absetzung des Patriarchen zu veranlassen. Umsonst. Kerullarios war nicht bereit nachzugeben und der weltliche Herrscher zu schwach, um etwas gegen ihn zu unternehmen. Immer mehr Differenzen traten zutage.

Es geschah, was geschehen musste: Kerullarios wurde exkommuniziert. Er exkommunizierte im Gegenzug alle, die an der Bannbulle gegen ihn beteiligt waren. Zu einem Bündnis zwischen Rom und Byzanz kam es unter diesen Umständen selbstverständlich nicht. Der römische Stuhl war zwischenzeitlich durch den Tod Leos IX. vakant geworden, und niemand ahnte damals, dass dies der Beginn der Kirchenspaltung sein sollte. Gut 900 Jahre später, am 7. Dezember 1965, hoben Papst Paul VI. in Rom und der Patriarch Athenagoras I. in Konstantinopel diese Exkommunikationen auf und tilgten sie »aus dem Gedächtnis und der Mitte der Kirche«.

In den folgenden Jahren hatte Byzanz militärisch schwere Verluste im Kampf gegen die Seldschuken hinzunehmen, die große Zeit des Reiches war vorbei. Doch lag in Konstantinopel die Wiege der orthodoxen Kirchen, die bis heute überwiegend in Griechenland, auf dem Balkan und in Russland verbreitet sind.

Karl der Große

Sein Aufstieg zu Europas Herrscher von Gottes Gnaden

Von Britta Quebbemann

Weihnachten des Jahres 800 n. Chr.: Papst Leo III., der sich gerade erst von den Vorwürfen des Meineids und sexueller Vergehen befreien konnte, setzt in der Kirche St. Peter in Rom einem erfolgreichen Feldherrn, dem Frankenkönig Karl, eine prunkvolle Kaiserkrone aufs Haupt. Kein Skandal, im Gegenteil. Die anwesenden Römer bekunden sogleich ihr Einverständnis und rufen: »Karl, dem überaus frommen Augustus, dem von Gott gekrönten, großen und friedenstiftenden Kaiser, Leben und Sieg!«

Es ist ein Wendepunkt in der europäischen Geschichte. Seit Konstantin der Große im Jahr 330 seinen Regierungssitz nach Konstantinopel verlegt hatte, gab es keinen weströmischen Kaiser mehr. So stellte die Krönung Karls eigentlich eine Provokation für Byzanz dar. Auf dem Thron in Konstantinopel saß damals Irene (797–802). Der Thron wurde also »nur« von einer Frau besetzt und war damit »eigentlich« vakant. Mit der Krönung in Rom wurde das mittelalterliche Kaisertum begründet. Es sollte später unter der Bezeichnung »Heiliges Römisches Reich Deutscher Nation« bis 1806 Bestand haben. Ein enges Band verknüpfte fortan Kirche und Staat.

Die Basis dafür hatte der Merowingerkönig Chlodwig mit seiner Taufe im Jahr 498 gelegt. Doch das Bekenntnis zum Christentum konnte die langhaarigen und bärtigen Merowinger letztlich nicht retten. Im 8. Jahrhundert regierte das Land faktisch ihr Hausmeier (maior domus) Karl Martell (686–741), der Großvater Karls des Großen. Ursprünglich war dessen Aufgabe die Verwaltung des königlichen Hauses. Doch der König war nur noch eine Marionette in seinen Händen. Karl Martells Sohn Pippin fragte schließlich Papst Zacharias, ob es gut sei, im Frankenreich Könige ohne Macht zu haben. Der Papst gab die gewünschte Antwort und verneinte. So wurde Pippin 751 zum König der Franken von Gottes Gnaden erhoben. Der letzte Merowingerkönig Childerich III. musste ins Kloster gehen. Der Aufstieg der Karolinger hatte begonnen.

Vermutlich am 2. April 748 war Karl, drei Jahre später sein Bruder Karlmann geboren worden. Ihr Vater bemühte sich weiterhin um gute Kontakte nach Rom. Und mit Erfolg: Ende Juli 754 ließ er sich noch einmal, diesmal zusammen mit seinen Söhnen, vom Papst zum König salben. Pippin erhielt zudem den Ehrentitel eines Schutzherrn der Römer. In der »Pippinschen Schenkung« hatte er dem Papst Teile Mittelitaliens versprochen. Die musste er erst einmal den Langobarden abnehmen. Außerdem eroberte er Aquitanien.

Nach Pippins Tod 768 wurde das Reich unter seinen Söhnen geteilt: Karl sollte den Norden, Karlmann den Süden regieren. Sofort setzte ein dynastischer Wettstreit ein. Beide Brüder heirateten früh, und beide nannten ihren ersten Sohn Pippin. Die Mutter der Könige, Bertrada, engagierte sich für eine Politik des Ausgleichs. Sie vermittelte Karl eine politisch günstige Ehe mit einer Langobardin. Die erste Frau, Himiltrud, verschwand einfach aus seinem Leben. Noch hatte die Kirche ihre Vorstellung von der Unauflöslichkeit der Ehe nicht durchgesetzt.

Vermutlich wäre der Konflikt zwischen den Brüdern eskaliert, wäre Karlmann nicht 771, gerade zwanzigjährig, gestorben. Damit war der Weg für Karl frei. Er nutzte die Gunst der Stunde und übernahm die Regierung des gesamten Frankenreiches. Karlmanns Frau floh mit ihren beiden Söhnen zu Desiderius, dem König der Langobarden, Karls Schwiegervater. Daraufhin verstieß Karl seine zweite Gattin und heiratete Hildegard, eine erst 13-jährige Alemannin und Kusine des Bayernherzogs Tassilo.

> **Nach Pippins Tod 768 wurde das Reich unter seinen Söhnen geteilt: Karl sollte den Norden, Karlmann den Süden regieren.**

Karls Familie vergrößerte sich zusehends. Hildegard bekam in zwölf Ehejahren neun oder zehn Kinder und starb im Kindbett. Drei ihrer Söhne erreichten das Erwachsenenalter: Karl, Karlmann (der später in Pippin umbenannt wurde) und Ludwig. Ihr folgten als Gattinnen Fastrada (gest. 794), die Tochter eines ostfränkischen Grafen, und eine Alemannin namens Luitgard, die im Sommer vor der Kaiserkrönung starb. Fortan begnügte Karl sich mit Konkubinen – Nebenfrauen hatten ihm auch schon während seiner Ehen das Leben versüßt.

Der König brachte es auf mindestens 18 eheliche und uneheliche Kinder, die er alle sorgfältig ausbilden ließ. Sie dankten ihm das, indem sie sich ihm gegenüber loyal verhielten – mit Ausnahme seines ältesten Sohnes. Pippin der Bucklige versuchte 792/93, den Vater zu stürzen. Die Verschwörung wurde entdeckt, der Sohn kam für den Rest seines Lebens hinter die Mauern von Kloster Prüm.

Möglicherweise hatte Karl schon in jungen Jahren die Vision eines geeinten Mitteleuropas unter seiner Führung. Sein ererbtes Reich genügte dem ehrgeizigen jungen König jedenfalls nicht. Bald nach der Regierungsübernahme erklärte er 772 den heidnischen Sachsen den Krieg, in dessen Verlauf er ihr zentrales Heiligtum, die Irminsul (eine große Eiche oder Holzsäule) zerstörte. Die dort gesammelten Opfergaben, vor allem Gold und Silber, nahm er mit ins Frankenreich. Damit hatte er seinen Königsschatz deutlich vergrößert und konnte seine Anhänger reich belohnen.

> **Das Gros der fränkischen Heere bestand im 9. Jahrhundert aus Fußtruppen, die von gepanzerten Reitern unterstützt wurden.**

Karls Kriege mussten sich selbst finanzieren. Adlige waren nur bereit, für ihn zu kämpfen, wenn Aussicht auf Beute oder Land bestand. Kleinere Bauern konnten sich die Teilnahme an Feldzügen nicht leisten und hatten auch kein Interesse daran, ihre Ländereien im Stich zu lassen. Das Gros der fränkischen Heere bestand im 9. Jahrhundert aus Fußtruppen, die von gepanzerten Reitern unterstützt wurden. Als Karl später mehr Soldaten benötigte, um die Grenzen seines Reiches zu sichern, bestimmte er im Zuge einer Heeresreform, dass Besitzer von vier oder mehr Hufen Land (also ab etwa einem halben Quadratkilometer) gegen den Feind ziehen müssten. Inhaber von kleineren Höfen sollten sich zusammenschließen und einen aus ihrer Mitte zur Teilnahme an Feldzügen ernennen. So hatte Karl immer ein schlagkräftiges Heer zur Verfügung. Und das war auch nötig für seine Politik der Expansion.

Im Jahr 773 rief Papst Hadrian den König gegen die Langobarden zu Hilfe. Die Franken zogen im Sommer über die Alpen. Im Juni 774 kapitulierte König Desiderius. Karl nahm dessen Königsschatz in Besitz und war nun auch Herrscher über die Langobarden. Weniger erfolgreich verlief ein Feldzug gegen die Mauren, den die Franken verloren. Auch der Sachsenkrieg flammte immer wieder auf. Nach einem Aufstand Widukinds, der »Schlacht am Süntel« und dem »Blutbad bei Verden an der Aller« sollen 4500 Sachsen hingerichtet worden sein. Heute geht man davon aus, dass die Zahl übertrieben ist, zweifellos aber verloren sehr viele Menschen ihr Leben.

Als sich Widukind 785 taufen ließ, hatte Karl, der bekannt dafür war, dass er zu Ende führte, was er angefangen hatte, einen der wichtigsten Sachsenführer für sich gewonnen. Schließlich wurde 787 Bayern dem Frankenreich einverleibt. 796 unterwarfen Karls Truppen im Osten das Reitervolk der Awaren. Wieder fiel reiche Beute in die Hände der Sieger. Einen großen Anteil erhielt Leo III., der in diesem Jahr zum Papst gewählt worden war.

> **Karl sah es als seine Aufgabe an, das Christentum in seinem wachsenden Reich zu verbreiten. Dabei setzte er eher auf Bedrohung als auf Belehrung der Völker.**

Karl sah es als seine Aufgabe an, das Christentum in seinem wachsenden Reich zu verbreiten. Dabei setzte er eher auf Bedrohung als auf Belehrung der Völker. Die Verweigerung der Taufe, die Zerstörung von Kirchen, die Verschwörung gegen Christen, der Treuebruch gegen den König und Verstöße gegen das Fasten- und Zehntgebot (die Kirche bekam den zehnten Teil aller Einnahmen von Bauern und Handwerkern) konnten mit dem Tod bestraft werden. Auch auf Feuerbestattungen, Menschenopfer, Mord und Kirchenraub stand die Todesstrafe. Die Bevölkerung des nun etwa eine Million Quadratkilometer großen Frankenreiches wurde auf Karl den Großen vereidigt. Alle Untertanen sollten den Geboten Gottes folgen, den Besitz des Königs respektieren, seine Schutzherrschaft über alle Kirchen und alle Schwachen anerkennen und seinen Befehlen folgen.

Doch dann gab es Probleme in Rom: Am Markustag, dem 25. April 799, wurde Papst Leo III. bei einer Prozession überfallen und gefangen genommen. Der Kirchenfürst hatte Glück im Unglück, es gelang ihm zu fliehen. Laut Karls Biografen Einhard wurden dem Papst »die Augen ausgestochen und die Zunge ausgerissen«. Ganz so schlimm kann es nicht gewesen sein, denn einige Wochen später konnte Leo bereits wieder sehen und sprechen.

Die Initiatoren des Anschlags waren Verwandte seines Vorgängers, Papst Hadrian. Anders als Hadrian war Leo ein Papst »von unten«, keiner, der aus den adligen Führungsschichten Roms kam und mit deren Unterstützung rechnen konnte. Karl empfing den gedemütigten Papst mit allen Ehren in Paderborn, wo der König gerade auf der von ihm errichteten Karlsburg residierte. Bald erschienen dort auch die Vertreter der Gegenpartei. Sie warfen dem Papst Meineid, Bestechung und anderes vor. Ob die Vorwürfe zutrafen oder nicht, lässt sich heute nicht mehr klären.

Karl wollte den Konflikt nicht in Paderborn lösen und schickte beide Parteien mit einer Abordnung fränkischer Bischöfe nach Italien zurück. Der Streit schwelte weiter. Im November des Jahres 800 traf der König dann selbst in Rom ein. Leo legte einen Reinigungseid ab: Ein korrekt und ohne formale Fehler gesprochener Eid »bewies« die Unschuld des Angeklagten. Karl verurteilte die Gegner des Papstes zum Tode. Anschließend begnadigte er sie auf Wunsch Leos und verbannte sie aus der Heiligen Stadt.

Was konnte ein derart angeschlagener Papst für einen so mächtigen König zum Dank tun? Leo III. krönte Karl zum Kaiser. Dieser Titel gehörte bis dahin allein dem byzantinischen Herrscher. Schlagartig hatte sich die Welt verändert: Rom und Westeuropa, die Kirche und das Reich, Kaiser und Papst bildeten eine Einheit, die es in dieser Form nie gegeben hatte. Einhard berichtet, dass Karl von der

> **Schlagartig hatte sich die Welt verändert: Rom und Westeuropa, die Kirche und das Reich, Kaiser und Papst bildeten eine Einheit, die es in dieser Form nie gegeben hatte.**

»Krönungsabsicht« Leos nichts gewusst habe. Das ist unwahrscheinlich. Eine symbolisch so aufgeladene Handlung hatte der ehrgeizige Herrscher sicher gut vorbereitet. Seit 801 führte Karl den Titel »allergnädigster, erhabener, von Gott gekrönter, großer friedenbringender

Kaiser, der das Römische Reich regiert, durch Gottes Barmherzigkeit auch König der Franken und Langobarden«. Byzanz erkannte den Titel zunächst nicht an. Eine militärische Intervention war jedoch nicht zu befürchten, denn die oströmischen Truppen waren mit Kämpfen gegen die Bulgaren ausgelastet.

Wie können wir uns den neu ernannten Kaiser vorstellen, und wo lebte er, wenn er nicht gerade Krieg führte? Eine genaue Beschreibung Karls stammt aus der Feder seines Zeitgenossen Einhard: Mit einer Größe von sieben Fuß (nach der Exhumierung des Skelettes schloss man auf eine Länge von über 1,80 Meter) und einer kräftigen Statur war der Herrscher schon rein physisch eine unübersehbare Erscheinung. Lebhafte Augen und würdevolles Auftreten werden ebenso erwähnt wie Hängebauch, Riesennase, kurzer Hals und Fistelstimme. Ein Mann mit Vorzügen und Fehlern also.

Um die Beziehung ranken sich Legenden: Karl soll mit Gisela, die sich geweigert hatte zu heiraten, ein inzestuöses Verhältnis unterhalten haben.

Eine von Karls großen Stärken bestand darin, schnell Freundschaften zu schließen. Gäste aus aller Herren Länder besuchten seinen Hof. Wie viele erfolgreiche Regenten war er ein begnadeter Rhetoriker, sprach fließend Latein und verstand Griechisch. Und Karl versammelte die besten Wissenschaftler aus ganz Europa um sich. Der Angelsachse Alkuin, der Franke Einhard, der westgotische Theologe Theodulf, die beiden Langobarden Paulinus von Aquileia und Paulus Diaconus, die Iren Dungal, Jonas und Raefgot bildeten neben anderen die »Hofakademie«. Von ihnen ließ der Herrscher sich in politischen Fragen beraten.

Unter dem Pseudonym »David« stellte der Kaiser den gelehrten Freunden für ihn wichtige Fragen – nach der Bedeutung von Sonnen- und Mondfinsternissen, nach dem Alter der Welt oder den Ursachen des Schalttages. Zu diesem erlesenen Kreis gehörte auch Karls Schwester Gisela, die Äbtissin des Klosters Chelles bei Paris. Um die Beziehung ranken sich Legenden: Karl soll mit Gisela, die sich geweigert hatte zu heiraten, ein inzestuöses Verhältnis unterhalten haben. Aus dieser Verbindung sei sogar ein Sohn namens Roland, der bei einer Schlacht gegen die Mauren gefallene Held des Rolandsliedes, hervorgegangen. Sehr wahrscheinlich ist das nicht. Mit Sicherheit handelte es sich bei Gisela um eine hochbegabte Frau, die ihren Bruder jederzeit unterstützte.

Karl war ein Familienmensch, vielleicht besser: ein klassischer »Patriarch«. Seine Mutter lebte bis zu ihrem Tod 783 bei ihm, und auch seine Töchter, denen er das Heiraten verbot, hatte er um sich geschart. Karl behauptete, ohne ihre Gesellschaft nicht existieren zu können. »Wenn er zu Hause war, aß er nie ohne sie und nahm sie stets auf Reisen mit.« Der Historiker Matthias Becher sieht das etwas differenzierter: »Die Heirat mit einer seiner Töchter hätte den etwaigen Ehemann und dessen Familie allzu sehr aufgewertet, von den zu erwartenden Ansprüchen eines Enkels ganz zu schweigen.«

Keuschheit erwartete der Vater nicht. Seine Tochter Rotrud hatte ein Dauerverhältnis mit dem Grafen Rorico, Bertha mit einem Abt namens Angilbert. Ihr Sohn Nithard wurde ein bekannter Geschichtsschreiber. Alkuin warnte einen seiner Schüler: »Dass die gekrönten Tauben, die durch die Räume des Palastes flattern, nicht an deine Fenster kommen.« Mit seiner »Patchwork-Familie«, den Beratern und dem gesamten Hofstaat zog Karl lange Jahre von Pfalz zu Pfalz im Reich umher.

Persönliche Pracht lag dem Kaiser fern. Er kleidete sich in der üblichen Tracht aus Leinenstoff. Im Winter schützte er Brust und Schultern durch ein Wams aus Marderfell, darüber trug er einen blauen Umhang. Einzig an Festtagen schmückte er sich mit goldgewirkten Kleidern. Stets trug Karl ein Schwert bei sich. Trinkgelage verabscheute er – aber seinen

> **Hier gab es wildreiche Wälder und bis zu 74 Grad warme Quellen – vieles, was ein Königsherz begehrte. Mit dem geselligen Karl tummelten sich oft mehr als hundert Menschen im Bad – Wellness im Mittelalter sozusagen.**

geliebten Braten wollte sich der passionierte Jäger nicht nehmen lassen, auch nicht, als er längst gesundheitliche Probleme hatte. Zum Essen ließ er sich vorlesen, unter anderem aus dem ›Gottesstaat‹ des Augustinus, und es wurde Musik gespielt. Nach dem Mittagessen ruhte

Karl zwei bis drei Stunden. Nachts stand er mehrfach auf. Er empfing dann Freunde, schlichtete Streitigkeiten und erließ Anordnungen.

Mit den Jahren wurde der »große und friedenbringende« Kaiser sesshafter. Außerdem brauchte er einen Ort zum Repräsentieren. Seit 795 befand sich in Aachen die Winterpfalz Karls. Hier gab es wildreiche Wälder und bis zu 74 Grad warme Quellen – vieles, was ein Königsherz begehrte. Mit dem geselligen Karl tummelten sich oft mehr als hundert Menschen im Bad – Wellness im Mittelalter sozusagen. Das Quellwasser war gut gegen Rheuma und Gicht, die den Herrscher plagten. Schon Pippin der Kurze, der Vater Karls des Großen, hatte in Aachen eine Kapelle und ein Königsbad errichten lassen. Das reichte Karl nicht. Er wollte Bauwerke errichten, wie man sie in dieser Region noch nie gesehen hatte. Dabei dachte er an den Tempel Salomos und an die Architektur Theoderichs des Großen (455–526) in Ravenna. 789 war ein Palast fertiggestellt.

Kurze Zeit später begannen die Arbeiten an der Marienkirche, die jetzt Teil des Aachener Doms ist. Odo von Metz hatte die Bauplanung übernommen. Alkuin, der die Werke des antiken Baumeisters Vitruv kannte, dürfte ebenfalls daran beteiligt gewesen sein. Der achteckige Kuppelbau, der auf den Fundamenten der alten Petrus-Basilika errichtet wurde, hat einen Durchmesser von 32 Metern und ist 31 Meter hoch. Eine Statue Theoderichs, Marmor und antike Säulen hatte Karl aus Ravenna nach Aachen bringen lassen, um sein Bauwerk damit aufzuwerten.

> **Karl wusste, dass Reformen von Wirtschaft, Verwaltung und Militär auf lange Sicht nicht genügen würden, um ein blühendes Land zu erhalten.**

Ein Reich von den Ausmaßen des Frankenreichs zu regieren, war eine äußerst schwierige Aufgabe. Um die Kontrolle über das Land und seine Bewohner zu behalten, reformierte der »Vater Europas«, wie Karl schon in einer zeitgenössischen Quelle genannt wird, die Verwaltung. Die Ämter von Mundschenk, Marschall, Seneschall und Kämmerer blieben erhalten. Eine wichtige Funktion übernahm die sogenannte Hofkapelle. Die Geistlichen dort waren dem König verpflichtet und für Verwaltungstätigkeiten zuständig. Sie stellten Urkunden aus, verfassten Werke zur Geschichte und betreuten die Hofbibliothek.

Königsboten (missi dominici), meist ein Geistlicher und ein Laie, sorgten im Reich für die Wahrung der königlichen Gewalt. Karl schaffte die ursprünglichen Herzogtümer ab und setzte zuverlässige Grafen ein. Die Führer des Reiches trafen sich zweimal jährlich auf Reichsversammlungen. Die Königsgüter waren die materielle Grundlage der Herrschaft. Jeder Verwalter musste über alle erzielten Gewinne Rechenschaft ablegen. So war sichergestellt, dass der Hofstaat in jeder Pfalz von den umliegenden Ländereien in gleicher Weise versorgt werden konnte. Karl beanspruchte außerdem wieder das alleinige Recht des Königs auf

> **Die Frage der Kaisernachfolge blieb offen, vermutlich auch, weil es noch immer Schwierigkeiten mit Byzanz gab.**

Münzprägung. Er führte einen allgemeinen Münzfuß ein, der die Basis der Währungsordnung blieb. Aus einem Pfund Silber sollten 20 Schillinge (Solidus), die 240 Pfennigen (Denaren) entsprachen, geschlagen werden.

Karl wusste, dass Reformen von Wirtschaft, Verwaltung und Militär auf lange Sicht nicht genügen würden, um ein blühendes Land zu erhalten. Für wichtige Tätigkeiten musste auch der Nachwuchs gut ausgebildet sein. »Gutes Tun ist besser als gutes Wissen«, meinte Karl, »doch geht das Wissen dem Tun voraus.« Und da er ein Mann der Tat war, begann er die Reformierung des Bildungssystems mit einer Schulgründung in Aachen. An der »Hofschule« versuchte auch Karl, noch einiges dazuzulernen. Einhard erzählt, dass der Herrscher nachts oft das Schreiben auf Tafeln übte. Eine Bildungsstätte genügte natürlich nicht für das ganze Reich. An vielen Bischofskirchen und Klöstern entstanden Schulen. Hier wurden Geistliche und Mönche ausgebildet, die Latein – die Universalsprache des Mittelalters – gebrauchen sollten. Im Westen des Reiches entstand eine neue, gut lesbare Schrift, die Sprachforscher heute »karolingische Minuskel« nennen. Aus ihr entwickelten sich viele Jahrhunderte später unsere Kleinbuchstaben.

Karl hatte sich früh Gedanken über eine Regelung seiner Nachfolge gemacht und seine Söhne in die Regierungstätigkeit eingebunden. Er ernannte Pippin zum Unterkönig von Italien und Ludwig zum Unterkönig von Aquitanien. Im Fall von Karls Tod sollte das Reich unter den drei ehelichen Söhnen aufgeteilt werden. Die Frage der Kaisernachfolge blieb offen, vermutlich auch, weil es noch immer Schwierigkeiten mit Byzanz gab. Erst 812 erkannte der oströmische Kaiser Michael I. (811–813) Karl als gleichberechtigt an.

Inzwischen hatten sich die Umstände geändert. Karl der Jüngere und Pippin lebten nicht mehr – es blieb nur Ludwig, den Karl 813 als Mitkaiser einsetzte. Er befahl seinem Sohn, sich selbst – ohne Beisein des Papstes – zum Kaiser zu krönen. Den Winter 813/14 verbrachte Karl in Aachen. Im Januar bekam er hohes Fieber. Vergeblich versuchte er, es mit Fasten zu kurieren – am 28. Januar starb er im Alter von vermutlich 66 Jahren. Man bestattete Karl in der Marienkirche: An diesem geschichtsträchtigen Ort, an dem sich auch der berühmte »Karlsthron« befindet, wurden von 936 (Otto I.) bis 1531 (Ferdinand I.) mehr als dreißig deutsche Könige gekrönt.

No ich nun auff die zeytt Otto des kayſers vm ka
men ſo wil ich von den dingen ſagen die zu ſe
nen zeytten zu auffſprug geſchehen ſend Do ſich
kayſer otto beraytet wider berengancium den kunig
lomparden als wider ain wietrich vnd geitigen vi
der alle gerechtikait vmb gelt gab Doch ſo forcht
in der ſelb wietrich wan er die machtikait des kay
ſers wol wiſſet vnd durch ratt des herzogen bo lu
tringen kam er zu dem kayſer vnd begeret ſrid

Die Schlacht auf dem Lechfeld

König Ottos Sieg über Ungarns gefürchtete Reiter

Von Alexander Galdy

August des Jahres 955: Reiter aus einem fremden Land verlassen das Dickicht. Ihr Haar tragen diese Krieger zu zwei Zöpfen geflochten, ihrem Aussehen nach könnten es Mongolen sein. Ihre Pferde sind kurzbeinige, stämmige Tiere mit zotteliger Mähne, schnell und ausdauernd zugleich. Über den Schultern tragen die Männer Bögen, im Köcher links an der Hüfte ein Bündel Pfeile mit Eisenspitzen, rechts einen Säbel mit krummer Klinge. Im Kampf lassen die Reiter die Zügel los. So können sie auch im Galopp einen Hagel von Pfeilen auf ihre Feinde niederprasseln lassen.

Tatsächlich sind es Ungarn, die sich an diesem Sommertag der Stadt Augsburg nähern. Die Glocken der Bischofsstadt läuten Sturm. Bereits seit 50 Jahren versetzt das Nomadenvolk, das sich selbst Magyaren nennt, Europa in einen permanenten Kriegszustand. Von Dänemark bis nach Apulien, von der Iberischen Halbinsel bis nach Byzanz fallen die Horden über Europa her. Wo immer die Reiter auftauchen, verüben sie Gewalt und Mord. Sie stecken Kirchen, Klöster, ganze Siedlungen in Brand, sie verschleppen Männer, Frauen und Kinder. Die Chroniken sind voll von Berichten dieser Art. Als »grausamer denn alle Bestien« und als »Feinde Christi« werden die Ungarn bezeichnet. In den Gotteshäusern flehen die Gläubigen: »Von den Pfeilen der Magyaren errette uns, o Herr!«

Auch in Augsburg beten die Menschen. Südlich der Stadt haben die Angreifer ihr Lager aufgebaut. Hier wird sich in den kommenden Tagen das Schicksal Europas entscheiden. Am 10. August 955 kommt es zur »Schlacht auf dem Lechfeld«, die als eine der blutigsten des Mittelalters in die Geschichte eingeht.

Aber wer sind diese Magyaren? Über Jahrhunderte leben sie als Reiternomaden in Südrussland, im Gebiet der Flüsse Don, Donez und Dnjepr. In der letzten Phase der Völkerwanderung im 9. Jahrhundert werden die Magyaren von anderen Stämmen immer weiter in Richtung Westen bis an die untere Donau abgedrängt. Gerade in Europa angekommen, sind sie auch schon verstrickt in die Politik der europäischen Mächte. Als Verbündete von Byzanz fallen sie 894 in Bulgarien ein, werden aber abgewehrt und müssen sich über die Karpaten in die von Donau und Theiß durchflossene Tiefebene retten.

Das dünn besiedelte Gebiet stellt Ende des 9. Jahrhunderts ein politisches Niemandsland dar. Hier kommt es zur sogenannten Landnahme durch die sieben ungarischen Stämme unter der Führung des Großfürsten Arpad (um 850–907). Ein bedeutendes Ereignis, wenn auch eigentlich aus der Not geboren: Mit der Landnahme beginnt Ungarn in Europa zu existieren. Hier also lässt sich das Kriegervolk im Laufe von zehn Jahren nieder. Man schätzt seine Zahl auf 250.000 bis 500.000 Menschen – die ihr Leben als Reiternomaden nicht aufgeben

> **Zu dieser Zeit stoßen die Ungarn auf wenig Widerstand.**

mögen. Von ihrer neuen Heimat aus machen sie sich auf zu ihren Raubzügen durch ganz Europa und den Nahen Osten. Die Geschichtsschreiber der heimgesuchten Länder nennen sie »hunnoi«, »ungroi« oder »turkoi«.

Mit ihren flinken und zähen Pferden legen die Ungarn selbst im Winter Tausende Kilometer zurück. Ihre Beweglichkeit und der Reflexbogen, die Hightech-Waffe des Mittelalters, mit einer Reichweite von bis zu 250 Metern, ermöglicht ihnen überfallartige Angriffe. Aus dem Hinterhalt heraus kreisen die Ungarn ihre Gegner ein und verschwinden so schnell, wie sie gekommen sind, wenn die Situation für sie zu brenzlig wird. Der offenen Feldschlacht weichen sie aus, wie sie auch befestigte Städte meiden. Ihrer Schnelligkeit und Kriegslist, etwa die vorgetäuschte Flucht mit blitzartiger Kehrtwendung, sind die schwerfälligen westlichen Heere zunächst nicht gewachsen.

So schreibt ein Chronist im Jahr 910, als die Ungarn in Schwaben auf das Heer von König Ludwig dem Kind treffen: »Noch vor Tagesanbruch fiel das blutrünstige Ungarnvolk über die noch schlaftrunkenen Christen her. Viele wurden durch Pfeile des Feindes geweckt, ehe sie noch dessen Geschrei vernahmen; andere auf ihrem Lager durchbohrt.« Zu dieser Zeit stoßen die Ungarn auf wenig Widerstand. Das karolingische Großreich befindet sich nach dem Tod Karls des Großen (814) in Auflösung. Daraus entstehen das Westfränkische und das Ostfränkische Reich sowie Burgund und Italien. Dort herrschen zeitweise anarchische Verhältnisse. Es gibt kaum Burgen und die wenigsten Städte sind ausreichend befestigt.

Niemand, so scheint es, kann die Ungarn aufhalten. Doch im Lauf der Zeit müssen sie zunehmend Rückschläge einstecken. Ihre Gegner stellen sich immer besser auf die Taktik der Steppenreiter ein. Mit ihrer neuen Geheimwaffe, den Panzerreitern, versperren sie ihnen die Fluchtwege. Die Lage der Ungarn verschlechtert sich zunehmend. Der letzte große Raubzug durch Deutschland findet im Jahr 954 statt und endet mit der Schlacht am Lechfeld ein Jahr später. Danach kommen die Ungarn nie mehr nach Deutschland.

Die Geschehnisse von damals sind in etlichen Quellen belegt. Diese stimmen aber nicht immer überein, denn die meisten Berichte stammen aus zweiter Hand und wurden erst viel später von früheren Erzählungen abgeschrieben. Dass die Schlacht stattgefunden hat, ist sicher. Um aber zu erfahren, wo sie geschlagen wurde und wie sie ablief, muss man die diversen Berichte wie ein Puzzle zusammensetzen.

Der Chronist Widukind von Corvey schildert im 10. Jahrhundert in seiner Sachsengeschichte als einer der Ersten, was damals passierte. Er beginnt seine Beschreibung damit, dass König Otto I. (936–973) in Magdeburg vom erneuten Einfall der Ungarn in Bayern erfährt. Otto I. hat gerade genug Ärger mit seiner eigenen Familie. Liudolf, der Sohn Ottos, zettelt aus Angst um seine Thronfolge einen Aufstand gegen den Vater an.

> **Heute sind sich die Historiker sicher, dass die Aufrührer die Ungarn zur Hilfe ins Land gerufen haben.**

Der lothringische Herzog Konrad der Rote, Schwiegersohn Ottos, schließt sich dem rebellischen Prinzen an. Doch die Verschwörer scheitern 954. Sie söhnen sich mit Otto I. aus, verlieren aber Ländereien und Privilegien. Heute sind sich die Historiker sicher, dass die Aufrührer die Ungarn zur Hilfe ins Land gerufen haben. Die Ungarn wären nicht zum ersten Mal im Sold anderer gewesen.

Die Jahrbücher von St. Gallen vermerken zum Jahr 955 in wohl kräftiger Übertreibung, dass das Heer der Ungarn 100.000 Mann stark gewesen sein soll. In Wahrheit lag die Zahl der Reiter eher zwischen 10.000 und 20.000. Zunächst plündern und brandschatzen sie wie üblich. Die Kirche der heiligen Afra vor der Stadt Augsburg brennen sie nieder. Doch nun belagern sie entgegen ihrer Gewohnheit die Stadt. Augsburg ist damals nur von einer niedrigen, turmlosen, steinernen Mauer umgeben, die sich um ein kleines Gebiet rund um den Dom zieht.

Warum lassen sich die Ungarn auf die Belagerung ein, bei der sie ihre Beweglichkeit nicht nutzen können? Treibt sie die Gier nach dem Kirchenschatz im Dom, dass sie alle Vernunft außer Acht lassen? Eine Erklärung könnten die bereits erwähnten Jahrbücher von St. Gallen liefern. In ihnen findet sich der Name des ungarischen Anführers: Horka Bulcsu, ein mächtiger Stammesführer, der sich in Byzanz bereits taufen ließ und dort lernte, sich in der großen Politik zu bewegen. Mit seinem Feldzug hatte er möglicherweise weitreichendere politische Ziele als bloße Plünderung im Auge. Das könnte auch das Handeln der Ungarn vor Augsburg erklären.

Immer wieder stürmen die Ungarn im Laufe der zwei folgenden Tage gegen die Stadt Augsburg vor und versuchen, sie einzunehmen. Doch die Belagerten leisten erbitterten Widerstand. Der später heiliggesprochene Bischof Ulrich und seine Soldaten verteidigen tapfer die Stadt. Der damalige Augsburger Domprobst Gerhard beschreibt später deren Belagerung und Verteidigung. Von ihm erfahren wir auch, was in den Tagen vor der Schlacht am Lechfeld im Ort geschehen ist.

Bischof Ulrich untersagt es seinen Männern, den Ungarn vor der Stadt entgegenzuziehen, ihm ist klar, dass sie dabei nur aufgerieben würden. Der in militärischen Dingen versierte Kirchenmann lässt die Tore, durch die die Ungarn am leichtesten hätten eindringen können, verbarrikadieren. Nach der Überlieferung Gerhards rennen die Ungarn, die von ihren Anführern mit Peitschen angetrieben werden, nun vor allem gegen das Osttor

> **Bischof Ulrich verbringt die Nacht im Gebet.**

an. Die schwäbischen Ritter kämpfen vor dem Tor erbittert um ihr Leben und um das Überleben ihrer Stadt. Der Legende nach soll Bischof Ulrich selbst hoch zu Ross, mit der priesterlichen Stola bekleidet, aber ohne Schild, Panzer und Helm, die Verteidigung geleitet haben, ohne dass ihn die ungarischen Pfeile trafen.

Wie lange können die Verteidiger Augsburgs den Feinden noch standhalten? Die Ungarn beenden ihren Angriff am ersten Tag der Belagerung erst, als einer ihrer Anführer getötet niedersinkt. Sie kehren in ihr Lager zurück, doch am nächsten Tag werden sie wiederkommen. Ulrich verbringt die Nacht im Gebet. Er liegt ausgestreckt im Dom auf dem Boden und bittet Maria um Schutz. Am nächsten Morgen reicht er den Seinen die Kommunion und wartet auf den nächsten Ansturm. Die Feinde greifen auch von allen Seiten den Befestigungsring um die Stadt an, brechen

> **Ein Teil der Belagerer zieht in nordwestlicher Richtung dem Heer Ottos entgegen.**

aber den Sturm plötzlich ab. Die Belagerer erhalten die Nachricht, dass überraschend König Otto mit einem Heer aus Franken, Sachsen, Bayern, Schwaben und anderen im Anmarsch ist – insgesamt etwa 10.000 Mann. Es ist der 9. August 955.

Ein Teil der Belagerer zieht in nordwestlicher Richtung dem Heer Ottos entgegen. Westlich des Lechs stoßen sie auf die Vorhut, die die Bayern bilden. Es kommt zu ersten Scharmützeln. Doch die gut gepanzerten deutschen Ritter schlagen den Angriff der leichten ungarischen Reiterei zurück. Nach dem ersten Aufeinandertreffen eilt das deutsche Heer nach Süden, um dem Gegner an einer größeren Furt des Lechs den Rückzugsweg abzuschneiden. Dort stoßen am nächsten Tag die beiden Heere aufeinander.

Die Deutschen errichten ihr Lager am Ostufer des Lechs, etwa sechs Kilometer südöstlich von Augsburg. Dort wird am Abend vor der Schlacht gefastet und den Männern befohlen, sich am folgenden Tag bereitzuhalten. Der Chronist Widukind berichtet vom Beginn der Kämpfe: »Mit der ersten Dämmerung erhoben sie sich, gaben sich gegenseitig Frieden und gelobten sodann zuerst dem Führer, darauf einer dem anderen eidlich ihre Hilfe.« Bemerkenswert dabei ist, dass die Deutschen nun einträchtig den ostfränkischen König Otto I. zum ersten Mal als Anführer akzeptieren. Noch vor wenigen Monaten hatten sie sich während des Aufstands, den Ottos Sohn Liudolf anzettelte, gegenseitig bekriegt.

Vor der Schlacht gelobt Otto angesichts der Überzahl der Feinde, für den Fall, dass ihm Christus Sieg und Leben schenke, die Gründung eines Bistums in Merseburg. Doch zunächst scheint Christus nicht auf der Seite der Deutschen zu stehen. Mit aufgerichteten Feldzeichen ziehen diese aus dem Lager in Richtung Lech. Otto führt seine Streitmacht durch unebenes und schwieriges Gelände, um dem Feind keine Möglichkeit zu bieten, seine Pfeile abzuschießen. Widukind beschreibt ausführlich die Schlachtaufstellung: »Die erste, zweite und dritte Legion bildeten die Bayern. Die vierte bildeten die Franken, deren Leiter und Führer Herzog Konrad (der Rote) war. In der fünften, der stärksten, welche auch die königliche genannt wurde, war der Fürst selbst, umgeben von den Auserlesenen aus allen Tausenden der Streiter und von mutigen Jünglingen. Die sechste und siebte Schar machten die Schwaben aus. In der achten waren tausend auserlesene böhmische Streiter.«

Das weitere Vorrücken entwickelt sich anders als erwartet. Unbemerkt vom Heer Ottos überschreiten die Ungarn weiter nördlich, am Gegner vorbei, den Lech und greifen die letzte Legion mit den böhmischen Rittern von hinten an. Sie haben kein Problem, die überraschten Ritter zu besiegen, die durch ihren Tross behindert sind. Blitzschnell fallen die Ungarn über die Böhmen her, töten einen Teil von ihnen, schlagen den Rest in die Flucht und rauben das Gepäck. Dann nehmen sich die Ungarn die sechste und siebte Legion vor. Diese ereilt das gleiche Schicksal wie zuvor die böhmische.

> **Unbemerkt vom Heer Ottos überschreiten die Ungarn weiter nördlich, am Gegner vorbei, den Lech und greifen die letzte Legion mit den böhmischen Rittern von hinten an.**

Otto, der mittlerweile begreift, was in seinem Rücken vorgeht, schickt seinen Schwiegersohn Konrad den Roten mit der vierten Legion gegen die Ungarn. Dieser schlägt mit seinen gut ausgerüsteten Rittern die Angreifer zurück, jagt ihnen die Beute ab und vertreibt ihre plündernden Haufen. Nun hält Otto vor seinem Heer eine anfeuernde Rede und ergreift die Heilige Lanze. Sie ist das älteste Stück der Reichskleinodien der römisch-deutschen Könige und Kaiser; angeblich enthält sie einen Partikel des Nagels vom Kreuz Christi. Nach einer Version der Legende gehörte die Lanze dem römischen Hauptmann Longinus, der mit ihr den Tod Jesu überprüfte, sodass sie auch mit dem Blut des Gekreuzigten getränkt sein soll. Die Lanze wird heute in der Wiener Hofburg aufbewahrt. Mit der heiligen Waffe führt der König damals selbst den Ansturm gegen den Feind.

Ein blutiges Gemetzel auf beiden Seiten beginnt. Anfangs ist der Ausgang der Schlacht, die nach Interpretation der Quellen im heutigen Stadtgebiet stattgefunden haben muss, noch ungewiss. Mit Geschrei reiten die Ungarn, Unmengen ihrer Pfeile abschießend, den Deutschen entgegen, weichen zurück und greifen wieder an. Doch gegen die Panzerreiter Ottos haben sie in einer offenen Feldschlacht keine

> **Angeblich enthält die Heilige Lanze einen Partikel des Nagels vom Kreuz Christi.**

Chance. Auch die Wunderwaffe, der Reflexbogen, kann nur wenig ausrichten. Die Deutschen tragen Kettenhemden, Helme und Schilde, die Ungarn bestenfalls Lederhemden. Im Lauf der Schlacht geraten sie zwischen die angreifenden Reiter und werden reihenweise mit Stoßlanzen und Schwertern niedergemacht.

Wer von den Ungarn noch kann, versucht zu fliehen. Widukind berichtet, dass etliche durch den Fluss schwimmen, am anderen Ufer aber keinen Halt zum Erklimmen finden und deshalb vom Strom verschlungen werden. Andere machen sich auf ihren erschöpften Pferden aus dem Staub, werden aber von den Deutschen noch bis zum Abend eingeholt und getötet. Wer es von den Fliehenden in eines der nächsten Dörfer geschafft hat, ist längst nicht sicher. Otto hält in den kommenden Tagen ein regelrechtes Strafgericht ab. Seine Soldaten umstellen Gebäude, in denen sich Ungarn versteckt halten, und zünden sie an.

Viele Ungarn werden, als sie auf der Flucht in Richtung Heimat nachts Flüsse überqueren wollen, gefasst und erstochen oder im Fluss ertränkt. Der Anführer, Horka Bulcsu, wird ebenfalls ergriffen und später in Regensburg gehängt. Dennoch schafft es ein Teil der Ungarn zurück in die Heimat. Die Schilderung eines Chronisten, dass die Deutschen nur sieben von ihnen am Leben lassen und diese mit abgeschnittenen Ohren nach Ungarn schicken, ist eine Übertreibung.

Immer wieder wird die Niederlage der Reiterhorden damit begründet, dass es am 10. August 955 geregnet habe, weshalb die wasserempfindlichen Reflexbögen nicht mehr funktioniert haben sollen. Diese bestanden aus verleimten Schichten aus Horn und Holz, und bei feuchtem Wetter konnten Leim und Umwicklungen ihre Festigkeit verlieren – der Bogen war unbrauchbar. Widukind schreibt aber von einer Sonnenglut, die an diesem Tag geherrscht haben soll: »Dem Herzog Konrad nämlich, welcher tapfer kämpfte, wurde durch die Hitze des Gefechts und die Sonnenglut, die an diesem Tag sehr heftig war, gewaltig heiß, und als er die Bänder seines Panzers löste und Luft schöpfte, fiel er, von einem Pfeil durch die Kehle getroffen.« Wenn der Bericht Widukinds zutreffend ist, muss Konrad der Rote einem Heckenschützen der Ungarn zum Opfer gefallen sein.

Die Bögen waren aber wohl nicht der Grund für die Niederlage. Einleuchtender scheint es, dass die Ungarn geschlagen wurden, weil sie entscheidende Fehler machten. Zum einen verbissen sie sich erstmals in eine Belagerung. Dadurch hatte Otto I. Zeit, sein Heer aufmarschieren zu lassen. Zweitens ließen sie sich auf eine frontale Schlacht mit einem überlegenen Gegner ein. In den 50 Jahren zuvor waren sie einer solchen Schlacht ausgewichen. Zu erklären ist das so: Auf dem Lechfeld hatten die Reiterhorden eine große Menge Beute zu verteidigen, mit der sie sich nicht so schnell absetzen konnten. Der Sieg über das ungarische Heer wurde zwar auf dem Lechfeld errungen, vernichtet wurde es aber erst auf seiner Flucht durch Bayern.

Die schwere Niederlage der Ungarn hatte weitreichende Konsequenzen für die Politik jener Zeit. Otto wurde durch den Sieg in seinen Plänen erheblich gestärkt. Das ottonische Königreich gilt nun als Zentralgewalt in Deutschland, gegen die sich keiner der Großen mehr erhebt. Als Retter des Abendlandes erhält Otto außerdem einen höheren Rang unter den europäischen Königen. Am 2. Februar 962 wird er in Rom von Papst Johannes XII. zum römischen Kaiser gesalbt. Aus dem nun gefestigten Ottonenreich entsteht nach der Jahrtausendwende in der Mitte Europas das »Heilige Römische Reich«, das unter dem viel späteren Zusatz »Deutscher Nation« bis 1806 Bestand hat.

„Die Ungarn werden sesshaft."

Und die Ungarn? Die schwere Niederlage auf dem Lechfeld bedeutet das Ende ihrer Kriegsaktionen im Westen: Sie werden sesshaft. Die Wohnzelte weichen Häusern mit lehmverputzten Wänden. Unter dem Großfürsten Géza öffnet sich um 970 das Land dem Westen und dem

Christentum. Gézas Sohn Stephan, bereits Christ und mit Gisela von Bayern verheiratet, wird zu Weihnachten des Jahres 1000 vom Papst zum ungarischen König gekrönt. Das geschieht nicht ohne Kalkül. Mit der Krönung Stephans, der bis 1038 regiert, gehört Ungarn zur Römischen Kirche und nicht zum orthodoxen Byzanz.

Doch war es allein, wie oft behauptet, die Niederlage auf dem Lechfeld, die die heißblütigen Reiter dazu bewegte, ihre Raubzüge aufzugeben? Jenes Heer, das bei Augsburg geschlagen wurde, war neueren Forschungen zufolge nur ein Teil der gesamten ungarischen Streitmacht. Sie hätte also jederzeit wieder zuschlagen können. Doch mit der Aufgabe ihres Nomadentums und der Herausbildung ihres Territoriums kamen neue Gefahren auf die Ungarn zu. Sie mussten sich nun vor Bedrohungen von außen und innen schützen. Die Stabilität des noch jungen Landes war wichtiger, als mit Beute noch so reich zu werden. Die Ungarn sahen ein, dass sie die Wahl hatten zwischen der Eingliederung in das christliche Europa oder dem Untergang.

Mit Kreuz und Schwert gegen die »Ungläubigen«

Der Aufstieg und Fall der Tempelritter

Von Wulf Bröning

Das Heilige Land – die Magie, die dieser Name auf die Menschen des Mittelalters ausübte, lässt sich heute nur noch erahnen. Unvorstellbare Strapazen und Gefahren warteten auf jeden, der sich auf den langen, beschwerlichen Weg machte, die heiligste Stätte des Christentums zu besuchen. Zerlumpt und teilweise barfuß schleppten sich Tausende dem fernen Ziel entgegen. Ein Pferd oder einen Wagen konnten sich nur Reiche leisten. Hitze und Staub im Sommer, Kälte, Lawinengefahr und reißende Ströme im Winter machten die Pilgerfahrt zu einem lebensgefährlichen Unternehmen. Bei Tagesetappen von kaum mehr als 20 Kilometern dauerte es meist weit über ein halbes Jahr, bis die Pilger die Tortur des über 4500 Kilometer langen Landweges nach Jerusalem überstanden hatten. Zwar ließ sich die Reise durch eine Schiffspassage von Süditalien nach Akko um etwa 1000 Kilometer verkürzen, an den Strapazen und Gefahren änderte das jedoch nur wenig.

Die Probleme begannen meist schon mit dem Ermitteln des richtigen Weges. Zuverlässige Landkarten gab es in Europa nicht, und was in den Klöstern an Karten hergestellt wurde, folgte weniger den geografischen Tatsachen als vielmehr einer theologischen Weltsicht. Am zweckmäßigsten waren die – oft fantasievoll ausgestalteten – Berichte von zurückgekehrten Pilgern, die sogenannten Itinerare, die die Route beschrieben. Wer es bis ans Ziel schaffte, hatte auf der Reise neben dem Besitz oft auch die Gesundheit eingebüßt.

Die Gefahren, denen die frommen Pilger ausgesetzt waren, blieben weder den Herrschern noch der Kirche unbekannt. Wer sich auf die Wallfahrt begab, konnte sich daher in vielen europäischen Reichen auf den Schutz zahlreicher Gesetze verlassen. Jenseits des Bosporus jedoch waren Pilgerrecht und Geleitbriefe der Kirche meist nicht mehr viel wert. Die Pilger, die erschöpft und zerlumpt in den Kreuzfahrerstädten ankamen, müssen in der Tat einen mitleiderregenden Eindruck gemacht haben, und so war es nur eine Frage der Zeit, bis sich jemand bereit erklärte, im Heiligen Land für ihren Schutz zu sorgen.

1120, exakt 21 Jahre nach der Eroberung Jerusalems im ersten Kreuzzug, fand sich mit dem französischen Ritter Hugo von Payens (oder Payns) ein Mann, der bereit war, die Pilger im Heiligen Land zu schützen. Zusammen mit Gottfried von Saint-Omer und sieben weiteren Rittern gründete er eine Organisation, die Straßen und christliche Reisende sichern sollte. Durch die militärische Ausrichtung unterschied sich diese Gemeinschaft von ähnlichen Zusammenschlüssen der Zeit. Die Johanniter etwa, die 1099 ebenfalls in Jerusalem gegründet worden waren, konzentrierten ihre Arbeit zunächst auf karitative Aufgaben und unterhielten verschiedene Hospitäler, in denen sich Pilger von den Strapazen der Reise erholen konnten. Erst später entwickelten sie einen militärischen Zweig.

> **Die Nähe zum sogenannten Salomonischen Tempel war es, die dem Orden den Namen gab: Tempelherren oder kurz Templer.**

Der »Orden der armen Ritter Christi vom Tempel Salomos« des Hugo von Payens – so der offizielle Titel – gewann die Aufmerksamkeit von Balduin II., der als König von Jerusalem in der Nähe des Tempelberges residierte. Balduin war von den Zielen der Ritter so angetan, dass er ihnen einen Flügel seines Palastes als ständiges Quartier anbot. Die Nähe zum sogenannten Salomonischen Tempel war es dann auch, die dem Orden den Namen gab, der sich bis heute erhalten hat: Tempelherren oder kurz Templer.

Ohne den Segen der Kirche ging es jedoch nicht, und so mussten sich die Templer zunächst um offizielle Anerkennung bemühen. Nach einer »Promotion-Reise« durch Europa war es im Jahre 1129 endlich so weit: Auf einem Konzil im französischen Troyes erhielten die Templer eine Bestätigung des Papstes sowie ihre Ordensregeln, die neben den Zielen und Aufgaben auch die interne Hierarchie bestimmten. Diese Regeln mit den Mönchsgelübden Gehorsam, Keuschheit und Armut lehnten sich stark an jene des Zisterzienserordens an.

Denn einer der glühendsten Verfechter dieses geistlichen Rittertums, der Kreuzzugsprediger und Zisterziensermönch Bernhard von Clairvaux, hatte die Templer in Troyes propagandistisch unterstützt.

Nachdem Hugo von Payens zum ersten Großmeister gewählt worden war, nahm der Orden seine Arbeit auf. Die Mitglieder verteilten sich dabei auf drei unterschiedliche Ränge: Ritter, Kapläne und dienende Brüder, wobei es alleine den Rittern gestattet war, die weiße Ordenstracht mit dem roten Tatzenkreuz auf der Brust zu tragen. Eine weitere nicht unerwünschte Folge der Europareise des Hugo von Payens: Es begann ein gewaltiger Strom von Schenkungen zugunsten des neuen Ordens zu fließen.

Im Heiligen Land bewährte sich der Orden erstmals Ende 1129 bei der allerdings erfolglosen Belagerung von Damaskus. Er geriet schnell in das Spannungsfeld der verschiedenen Interessengruppen. Obwohl die Hauptaufgabe der Templer der Schutz der christlichen Pilger und somit der Kampf gegen umherziehende Räuberbanden war, erkannten die Templer durchaus die Vorteile einer friedlichen Koexistenz. Durch ihre mühsam ausgehandelten Friedensverträge und den Versuch, sich nicht mit mächtigen Gegnern anzulegen, geriet der Orden schnell in Gegensatz zu denjenigen Rittern, die auf päpstlichen Wunsch in immer neuen Wellen in den Orient schwappten. Auf der Suche nach Ruhm und finanziellem Gewinn waren sie an friedlichen Lösungen nicht interessiert. Sie sahen in den Templern vielmehr einen Verbündeten, der ihnen im Kampf gegen die Heiden beizustehen hatte.

Aber es waren nicht nur kampfeslustige Abenteurer, die mit den Templern in Konflikt gerieten. Mit den Johannitern lagen die Templer lange in Rivalität, denn natürlich ging es auch im Heiligen Land nicht nur um Nächstenliebe, sondern vor allem auch um Macht und politischen Einfluss.

»Mit den Johannitern lagen die Templer lange in Rivalität.«

Selbst wenn die verschiedenen Interessengruppen die politische Arbeit der Templer erschwerten, sorgte der anhaltende Glaubenskrieg im Nahen Osten zumindest für den finanziellen Erfolg des Ordens. Um den Geldverkehr zwischen Europa und dem Heiligen Land sicher abzuwickeln, brauchten die Templer ein dichtes Netz von Banken, das es ihnen erlaubte, den Krieg von Europa aus zu finanzieren. Auch wenn die

Banktätigkeit zu Beginn sicherlich in erster Linie praktische Gründe hatte, so erkannten die Templer schnell, dass dieser Geschäftszweig eine lukrative und risikoarme Einnahmequelle war.

Die befestigten Templerbezirke, die nach und nach auch in den europäischen Metropolen entstanden, waren uneinnehmbare Festungen, die die politische Unabhängigkeit des Ordens unterstrichen. Als auch der Adel die dicken Mauern als Schutz für seine Preziosen zu schätzen lernte, waren die Templer daher gerne bereit, auf die hinterlegten Sicherheiten Kredit zu gewähren. Mit einem Zinssatz von zehn Prozent schienen die Rahmenbedingungen auch nach heutigen Maßstäben moderat; teuer wurde es allerdings, wenn der Kreditnehmer mit der Rückzahlung seiner Schulden in Verzug geriet. Strafgebühren zwischen 50 und 100 Prozent der geliehenen Summe waren die Regel und schufen dem Orden unter seinen einflussreichen, aber nicht immer liquiden Kunden zahlreiche Gegner.

Überhaupt schienen die Templer entgegen ihrer eigentlichen Bestimmung als christlicher Orden nicht besonders zimperlich gewesen zu sein. Wenn es um das Eintreiben von Außenständen ging, legten die Templer eine geradezu militärische Effizienz an den Tag, die ihnen selbst die Kritik des Papstes eintrug.

Dass die Verwaltung der ordenseigenen Gebiete teilweise an schlichte Ausbeutung grenzte, lässt sich am Beispiel des Pariser Templerbezirks gut erkennen. In den gut 50 Jahren, in denen der Orden das Gebiet nutzte, vervierfachte sich die Summe, die jährlich eingetrieben wurde. Dass die Bevölkerung ihre Abgaben dabei nicht freiwillig erhöhte, kann man sich gut vorstellen, doch in den Augen der Ordensoberen schien der Zweck die Mittel zu heiligen.

Alle geistlichen Ritterorden waren direkt dem Papst unterstellt.

Neben den teils fragwürdigen Methoden, mit denen die Templer ihrer Arbeit nachgingen, gab es noch einen weiteren triftigen Grund dafür, dass der Orden von einflussreichen Stellen mit wenig Wohlwollen beobachtet wurde. Wie alle geistlichen Ritterorden waren auch die Templer unabhängig von der jeweiligen bischöflichen Autorität und direkt dem Papst unterstellt. Zudem waren sie von vielen Abgaben befreit, und so mussten die Bischöfe zusehen, wie der Orden immer wohlhabender wurde und weite Ländereien ansammelte, während sie selbst kaum Möglichkeiten hatten, in Form des Steuerzehnten vom wirtschaftlichen Erfolg der Templer zu profitieren.

Dass es langfristig zu einer Konfrontation zwischen diesem Orden und anderen weltlichen und geistlichen Instanzen kommen musste, erkannte auch Papst Klemens IV., der den Orden 1265 warnte, dass es allein die Kirche war, die die Templer vor den Angriffen ihrer mächtigen Gegner schützte.

In der Tat hatte sich die Situation der Templer mit dem Fall der letzten christlichen Bastion im Heiligen Land dramatisch verschlechtert. Nachdem die europäischen Reiche einen Stützpunkt nach dem anderen verloren hatten, fiel 1291 zuletzt auch Akko in die Hände der Muslime. Nach einem schrecklichen Blutbad, in dem zahlreiche Ritter ihr Leben verloren, wurde die Stadt schließlich aufgegeben und die Überlebenden kehrten dem Heiligen Land für immer den Rücken. Die einstmals hoch angesehenen Beschützer der Christenheit waren zwar immer noch mächtig, aber sie hatten ihre eigentliche Aufgabe verloren.

Die Templer begingen einen entscheidenden strategischen Fehler.

In dieser Situation der Heimatlosigkeit – nur die Besitzungen auf Zypern blieben ihnen im Orient – begingen die Templer einen entscheidenden strategischen Fehler. Während sich die Johanniter, die im Zuge der muslimischen Erfolge ebenfalls ihre Stützpunkte verloren hatten, auf Rhodos niederließen und einen unabhängigen Staat bildeten, versuchten die Templer ihr Glück auf dem europäischen Festland. Im Gegensatz zum Deutschen Orden, der seine Aktivitäten schon früher vom Heiligen Land ins Baltikum verlegt und in der Christianisierung der dortigen Völker ein neues Ziel gefunden hatte, mussten sich die Templer im Zentrum Europas als Staat im Staat mit den anderen Mächten arrangieren.

Die Begeisterung für neue Kriegsabenteuer in Palästina hatte sich indessen deutlich abgekühlt. »Gott will es nicht«, die Negation des Mottos »Deus lo volt« (»Gott will es«), mit dem Papst Urban II. 1095 den ersten Kreuzzug propagiert hatte, war nach dem Fall Jerusalems nicht nur die Meinung vieler Geistlicher, sondern auch des Adels. Dennoch gaben nicht alle Beteiligten die Hoffnung auf eine Rückeroberung Jerusalems auf. Noch 1306 diskutierten Jacques de Molay, der

Großmeister des Ordens, und Papst Klemens V. (1305–1314) über einen neuen Kreuzzug.

Mittlerweile hatte sich jedoch schon das Unheil über den Köpfen der Templer zusammengebraut. Philipp IV. der Schöne, im Jahr 1285 zum französischen König gekrönt, hatte einen enormen Finanzbedarf wegen seiner Kriege mit England. Denn die Briten hielten die Herzogtümer Gascogne und Aquitanien im Südwesten Frankreichs in ihrem Besitz, die Philipp unter die französische Krone bringen wollte. Um seine leeren Kassen zu füllen, bewies Philipp große Fantasie, und er machte deutlich, dass er in Geldangelegenheiten keinen Spaß verstand.

Erstes Opfer von Philipps Maßnahmen zur Geldbeschaffung war 1296 Papst Bonifatius VIII. Um den Krieg gegen die Engländer zu finanzieren, wollte Philipp erstmals auch den französischen Klerus besteuern. Das konnte der Papst natürlich nicht akzeptieren, denn bisher waren Steuern immer von seiner Zustimmung abhängig gewesen. Kurzerhand untersagte er dem Klerus in seiner Bulle »Clericus laicos«, Abgaben an den König zu entrichten. Doch so einfach ließ sich Philipp seine Geldquelle nicht nehmen. Im Gegenzug verbot er die Ausfuhr französischen Geldes, sodass Bonifatius überhaupt keine Einnahmen aus Frankreich mehr erhielt.

> **Mit Papst Klemens V. begann die ›Babylonische Gefangenschaft des Papsttums‹.**

Jetzt ging es Schlag auf Schlag: In einer erneuten Bulle bestand der Papst auf der Oberhoheit seines Amtes über alle weltlichen und geistlichen Herrscher. Philipp ignorierte die Bulle, erklärte seinerseits kurzerhand den Papst zum Ketzer und verlangte seine Absetzung. Das hatte natürlich Konsequenzen, und so bereitete Bonifatius den Einsatz seiner mächtigsten Waffe vor: die Exkommunikation Philipps. So weit sollte es allerdings nicht kommen, denn im September 1303 wurde der Papst von Parteigängern Philipps gefangen genommen. Obwohl seine Haft nur einige Tage dauerte, starb er wenige Wochen später an den Misshandlungen, die er während seiner Entführung erfahren hatte.

Der nächste Coup Philipps war, den ihm ergebenen Erzbischof von Bordeaux, Bertrand de Got, auf den Stuhl Petri zu hieven. Mit ihm – er nannte sich Papst Klemens V. – begann die »Babylonische Gefangenschaft des Papsttums«, in der die Heiligen Väter in Avignon residierten und völlig unter der Kontrolle der französischen Könige standen.

Doch Philipp plagten noch immer Geldsorgen, und so war es nur konsequent, dass er auf der Suche nach neuen Geldquellen auf die finanzstarken Templer stieß. Um an das Vermögen des Ordens zu kommen, war indes einiges an Vorarbeit nötig. Philipp nutzte dabei die Gerüchte über den Templerorden, die seit 1305 in Frankreich in Umlauf waren: Man bezichtigte sie der Blasphemie, Ketzerei und homosexueller Praktiken. Da der französische König sich nicht auf einen langwierigen juristischen Prozess mit unsicherem Ausgang einlassen wollte, entschloss er sich, alle Beteiligten vor vollendete Tatsachen zu stellen. In einer generalstabsmäßig geplanten Nacht-und-Nebel-Aktion ließ er am 13. Oktober 1307 alle Templer in Frankreich verhaften und der genannten Verbrechen anklagen.

Es wurde viel darüber diskutiert, ob die Anschuldigungen zu Unrecht erhoben worden waren oder ob der Orden tatsächlich obszöne oder häretische Riten pflegte. Die Geständnisse, die den Verhafteten unter Folter entrissen wurden, lassen natürlich nur sehr begrenzt Rückschlüsse auf die tatsächliche Situation zu, aber ein Blick auf die (Aufnahme-)Rituale anderer Gemeinschaften des Mittelalters kann zumindest etwas Licht ins Dunkel bringen. Die geheimen Zeremonien, die bei vielen Vereinigungen zum Repertoire gehörten, erfüllten einen doppelten Zweck: Einerseits sollten sie das neue Mitglied auf die Gemeinschaft einschwören und so das Zusammengehörigkeitsgefühl stärken, andererseits dienten sie auch dazu, die Zuverlässigkeit des neuen Ordensbruders auf die Probe zu stellen.

Dass Novizen bei einem dieser »Tests« zum Beispiel gezwungen wurden, auf das Kreuz zu spucken, kann anhand früherer Aussagen von Templern als gesichert gelten. Obwohl diese Handlung nur den Gehorsam auf die Probe stellen sollte und die Probanden ihr Vergehen nach der Zeremonie beichten mussten, scheint der Vorwurf der Blas-

> **Im Prozess gegen die Templer spielte die Wahrheit jedoch nur eine geringe Rolle.**

phemie gerechtfertigt. Klar ist aber auch, dass sich die Templer selbst nicht als Ketzer sahen, die okkulte Praktiken zelebrierten. Ihre Loyalität gegenüber Kirche und Papst stand für sie zu keiner Zeit infrage.

Im Prozess gegen die Templer spielte die Wahrheit jedoch nur eine geringe Rolle. Philipp hatte sich durch sein Vorgehen in eine günstige Situation gebracht, denn nun lag es an den Templern, ihre Unschuld zu beweisen. Auf Hilfe konnten sie dabei nicht hoffen, denn Papst Klemens richtete zwar eine Protestnote an den König, schreckte aber vor einem entschiedenen Vorgehen zurück. Er erinnerte sich wohl noch zu gut an das tragische Schicksal seines Vorgängers.

Als Philipp nach zwei Monaten endlich auf die Note des Papstes reagierte, hatte er genug Zeit gehabt, »Geständnisse« zu sammeln. Entgegen geltendem Recht war dabei während der Anhörung so ausgiebig von der Folter Gebrauch gemacht worden, dass von den verhörten Templern nur ganze vier kein Geständnis abgelegt hatten. Aber das Martyrium der Templer war mit den erzwungenen Aussagen noch lange nicht beendet. Vom eigenmächtigen Vorgehen Philipps verärgert, bemühten sich einige hohe Kirchenmänner, das Verfahren in die Länge zu ziehen. In der französischen Stadt Vienne tagte vom Oktober 1311 bis Mai 1312 ein Konzil, das über den Fortgang des Prozesses beriet. Obwohl die meisten Teilnehmer die Templer für unschuldig hielten, verkündete Papst Klemens dort mit der Bulle »Vox in excelso« die Aufhebung des Ordens – ohne gerichtliches Verfahren oder Urteil.

> **Der Orden war damit in Frankreich offiziell vernichtet.**

Den Inhaftierten half das wenig. Mehr als 50 von ihnen waren im Jahr zuvor auf dem Scheiterhaufen verbrannt worden, weil sie ihre Geständnisse widerrufen hatten. In den Augen der Richter war das ein Rückfall in die Ketzerei, der mit dem sofortigen Tod bestraft wurde. Und so ging im Hin und Her zwischen den Instanzen und dem Gerangel um Zuständigkeiten ein Jahr nach dem anderen ins Land.

In den sieben Jahren, die der Großmeister Jacques de Molay im königlichen Kerker zubrachte, sollte er den Papst als seinen eigentlichen Richter nicht ein einziges Mal sehen. Am 18. März 1314 wurde das endgültige Urteil gesprochen und wurden die übrigen Templer zu einer lebenslangen Kerkerstrafe verurteilt. Der Orden war damit in Frankreich offiziell vernichtet. Noch während der Urteilsverkündung standen Jacques de Molay und ein weiterer Templer auf und widerriefen alle ihre Aussagen. Philipp zögerte nicht lange: Dem kanonischen

Recht folgend, wurden noch am selben Tag der letzte Großmeister des Ordens sowie der Meister der Normandie auf dem Scheiterhaufen hingerichtet.

Vermögen und Grundbesitz der Templer wurden offiziell dem Johanniterorden übertragen, doch in Wahrheit floss alles in die leeren Schatztruhen Philipps. Dem französischen König blieb jedoch nicht mehr viel Zeit, sich seines neuen Reichtums zu erfreuen: Er starb am 29. November 1314. Sieben Monate zuvor hatte Papst Klemens das Zeitliche gesegnet – der Legende nach hatte Jacques de Molay den beiden auf dem Scheiterhaufen das nahe Ende vorhergesagt.

Außerhalb Frankreichs existierte der Orden allerdings weiter. In Spanien, Portugal, Schottland und Norditalien sowie in Deutschland wurden die Templer von allen Anklagepunkten freigesprochen und konnten zuerst als »Ordre du Temple«, später als »Ordo Supremus Militaris Templi Hierosolymitani« (»Christlicher Ritterorden vom Tempel in Jerusalem«) ihre Arbeit fortführen.

Dass die Geschichte der Templer bis heute nichts von ihrer Faszination verloren hat, zeigen zahlreiche Gruppen, die sich nach wie vor auf den Orden berufen. Noch immer ist es der »Christliche Ritterorden zum Tempel von Jerusalem«, der die Ideale der Templer offiziell vertritt. Als Hauptsitz des Ordens dient wieder Jerusalem, während deutsche Mitglieder im Großpriorat Deutschland mit Sitz in Köln organisiert sind. Statt auf geheime Rituale setzen die Templer heute auf karitative Tätigkeit und Öffentlichkeitsarbeit. Informationen zu Veranstaltungen oder Aufnahmebedingungen gibt es nach fast 900-jähriger Geschichte heute auch im Internet.

Sie träumten vom schnellen Sieg

Richard Löwenherz und Philipp von Frankreich

Von Monika Weiner

Fahnen flattern im Wind, Rüstungen blitzen in der Sonne, Pferde-hufe wirbeln Staubwolken auf. Mit dem Segen der Kirche und be-gleitet von den Jubelrufen der Bevölkerung verlassen die englischen und französischen Kreuzfahrer am 4. Juli 1190 Vézelay, einen Wall-fahrtsort 200 Kilometer südöstlich von Paris. Alles ist auf den Beinen, um den Abmarsch der riesigen Armee mitzuerleben.

Wenn man den Chronisten glaubt, brachen an diesem Tag 100.000 Mann auf, um die heiligen Stätten der Christenheit zu befreien. Die Zahl mag etwas hoch gegriffen sein – moderne Historiker schätzen, dass es mit damaliger Logistik nicht möglich war, mehr als 6000 Mann zu koordinieren und zu verpflegen –, aber selbst eine Armee mit eini-gen tausend Soldaten wäre für das 12. Jahrhundert beachtlich gewe-sen. An der Spitze ritten zwei Könige: der 25-jährige Philipp II. August von Frankreich und der 33-jährige Richard Löwenherz von England. Die beiden schienen ein Herz und eine Seele – wie einst, vor drei Jah-ren, als Richard noch ein Prinz gewesen war und am französischen Hof mit Philipp Tisch, Bett und vielleicht auch das eine oder andere Vergnügen geteilt hatte – aber dazu später.

Als der Kreuzzug begann, war der am 8. September 1157 geborene Richard kein Prinz mehr, sondern König von England. Sein Vater, Heinrich II., war 1189 gestorben und hatte ihm das riesige Angevi-nische Reich hinterlassen, das von Schottland bis nach Südfrank-reich reichte – wobei seine Besitztümer auf dem Kontinent ein Lehen der französischen Krone waren. Tatsächlich war Richard, neben dem Stauferkaiser Friedrich Barbarossa der mächtigste Herrscher des Abendlandes, für den französischen König Philipp ein gefährlicher Vasall. Die einstige Freundschaft der beiden war einer bitteren Rivali-tät gewichen: Es kam zu kriegerischen Auseinandersetzungen und zu Unstimmigkeiten, weil sich Richard sträubte zu heiraten.

Der König war seit mittlerweile 21 Jahren mit Philipps Schwester Alice verlobt und machte noch immer keine Anstalten, sie zum Trau-altar zu führen. Doch all diese Differenzen schienen am 4. Juli 1190 nebensächlich. In diesem Moment hatten die beiden Könige einen ge-meinsamen Feind: Saladin (1138–1193), der Sultan von Ägypten und Syrien, der 1187 Jerusalem erobert hatte. Und sie hatten ein gemein-sames Ziel – die Befreiung des Heiligen Landes von der Herrschaft der Muslime. Für die Dauer des Kreuzzugs schworen sie einander Treue: Sie wollten gemeinsam kämpfen und alle Eroberungen brüder-lich teilen.

Einige Monate lang herrschte Eintracht zwischen den Königen. Im September erreichten die Kreuzfahrer Messina. Da Sturm und Regen die Weiterfahrt unmöglich machten, mussten sie den Winter in Sizilien verbringen. Kurz vor Weihnachten kam es zu einem bemerkenswerten Zwischenfall: Richard legte in aller Öffentlichkeit seine Kleider ab, gei-ßelte sich, zählte mit lauter Stimme seine Sünden auf und erinnerte sich »der Scheußlichkeiten seines Le-

> **Sie hatten ein gemeinsames Ziel – die Befreiung des Heiligen Landes von der Herrschaft der Muslime.**

bens«, darunter auch – so zumindest berichtet ein Chronist – homose-xueller Vergehen. Nun galt der König als wenig zimperlich. Ihm wur-de nachgesagt, er habe in besiegten Städten Frauen vergewaltigt und sich sogar an Nonnen zu vergreifen versucht.

War er außerdem schwul? Hatte er gar ein Verhältnis mit Philipp? Die Frage beschäftigt die Biografen bis heute. Grundsätzlich ist nicht auszuschließen, dass Richard homoerotische Neigungen hatte und dass ihn mit Philipp mehr verband als eine reine Männerfreundschaft. Während des eingangs erwähnten Aufenthalts am französischen Hof waren er und der französische König unzertrennlich gewesen; die bei-den jungen Männer hatten sogar gemeinsam in einem Bett geschlafen. Manche Autoren halten das für einen Beweis für intime Beziehungen, andere sind skeptisch – war es doch im Mittelalter durchaus üblich, das Bett zu teilen.

Sicher ist, dass hinter den Gesten der Freundschaft eine gehörige Portion politisches Kalkül steckte: Philipp, der mit Heinrich II. einen permanenten Kleinkrieg führte, war daran gelegen, Richard auf seine

Seite zu ziehen. Und dieser rebellierte gegen die väterliche Autorität, indem er sich eigenmächtig mit Philipp verbrüderte. Heinrich II. musste mehrere Kuriere an den französischen Hof schicken, die den ungehorsamen Sprössling zur Rückkehr überredeten.

Falls Richard und Philipp eine erotische Zuneigung verbunden hatte, so schlug diese Liebe spätestens auf der Kreuzfahrt in Hass um. Zum endgültigen Bruch kam es, als Richards Mutter Eleonore im März 1191 in Süditalien auftauchte und eine Braut für ihren Lieblingssohn mitbrachte: die junge Prinzessin Berengaria von Navarra. Richard kannte sie, er war ihr schon Jahre zuvor begegnet, und die beiden hatten durchaus Sympathie füreinander empfunden. Eine Verbindung mit ihr war für den König auch aus politischen Gründen opportun, da sein künftiger Schwiegervater, der König von Navarra, ihm helfen konnte, die Südgrenze des Angevinischen Reiches zu sichern.

Für Philipp war das Auftauchen der Braut eine ungeheure Provokation, denn Richard war ja mit seiner Schwester Alice verlobt, die sich in der Obhut des englischen Königshauses befand. Es kam zu einer hitzigen Auseinandersetzung, doch darauf war Richard vorbereitet. Er erklärte dem Franzosen rundweg: »Ich habe nicht die Absicht, seine Schwester zu verstoßen, aber ich weigere mich, sie zur Ehefrau zu nehmen, denn mein Vater (Heinrich II., Anm. d. Red.) hat sie erkannt und einen Sohn mit ihr gezeugt.« Als ob das noch nicht genügt hätte, bemerkte Richard auch noch, er habe Zeugen, die seine Behauptung stützen

> **Wie war das Verhältnis zwischen dem englischen König und seiner Braut?**

könnten. Philipp war damit in die Defensive gedrängt. Um der Peinlichkeit einer Begegnung mit Berengaria zu entgehen, nahm er seine Forderung nach einer Verheiratung Richards mit Alice zurück, bestieg sein Schiff und stach in See.

Wenige Stunden später erreichten Eleonore und Berengaria Messina. Richard blieb noch einige Tage, dann segelte er in Begleitung seiner neuen Verlobten und seiner verwitweten Schwester Johanna – für die nächsten Jahre würde sie die Reisegefährtin Berengarias sein – nach Osten. Wie war das Verhältnis zwischen dem englischen König und seiner Braut? War es geprägt von liebevoller Zuneigung? Ein Chronist berichtet: »Der König liebte und verehrte sie aufs Innigste.«

Oder bleiben sich Richard und Berengaria fremd? Wir wissen es nicht. Sicher ist: Am 12. Mai 1191 wurde das junge Paar auf Zypern getraut und Berengaria zur Königin gekrönt. Richard hatte die Mittelmeerinsel zuvor im Handstreich erobert.

Von Zypern fuhr die englische Flotte weiter ins Heilige Land. Am 8. Juni erreichte sie Akkon. Die Hafenstadt wurde seit zwei Jahren von Christen belagert. Die Ankunft Richards mit seinen kampfbereiten Soldaten sowie den zahlreichen Belagerungsmaschinen löste unter den Glaubensbrüdern einen Sturm der Begeisterung aus – das Eintreffen Philipps zwei Monate zuvor war weit weniger beachtet worden. Die Aufmerksamkeit und der Jubel, die Richards Ankunft auslöste, muss Philipp in seiner Ehre noch weiter verletzt haben, doch diesmal ließ er sich nichts anmerken. Der gemeinsame Feind ließ persönliche Differenzen vorläufig in den Hintergrund treten.

Wochenlang bombardierten die Kreuzfahrer die Mauern von Akkon, bis die Stadt am 12. Juli kapitulierte. Die Sieger besetzten die Festung und pflanzten ihre Standarten auf die Stadtmauer; dies war das Zeichen des Triumphs, zeigte aber auch an, wem die Beute zustand. In diesem Moment der Freude kam es zu einem folgenschweren Geplänkel zwischen den österreichischen und englischen Soldaten: Nicht nur Richard und Philipp, sondern auch Herzog Leopold VI. von Österreich hatte ein Banner aufstellen lassen. Dieser hatte jedoch keinen entscheidenden Beitrag zur Eroberung der Stadt geleistet. Engländer und Franzosen fühlten sich dadurch provoziert: Einer von Richards Soldaten riss die österreichische Standarte herunter und warf sie in den Graben. Leopold, zutiefst gekränkt, machte sich umgehend auf den Heimweg. An Richard würde er sich noch rächen …

> **Einer von Richards Soldaten riss die österreichische Standarte herunter und warf sie in den Graben.**

Der englische und der französische König teilten die Beute wie vereinbart brüderlich und ließen Akkon wieder aufbauen. Richard schickte nach Berengaria, die während der Kämpfe auf seiner Galeere geblieben war, und zog mit ihr ins Schloss. Die junge Königin war in der Folgezeit allerdings recht unglücklich: Sie hatte keinen Hofstaat und damit auch keine echte Aufgabe, sie wurde Zeugin von Massenhinrichtungen, die ihr Gemahl durchführen ließ, und eine Schwangerschaft endete vorzeitig mit einer Fehlgeburt.

Philipp begann unmittelbar nach dem Sieg über Akkon mit den Vorbereitungen für die Heimreise. Seine Gesundheit war durch die lange Belagerung angeschlagen – tatsächlich waren sowohl er als auch Richard schwer krank gewesen; zudem wollte er seine Besitztümer in Frankreich sichern. Richard drängte ihn vergeblich zum Bleiben. Philipp ließ einen Teil seiner Truppen zurück und verließ am 31. Juli das Heilige Land.

Fühlte sich Richard im Stich gelassen? Der englische Historiker John Gillingham vermutet, dass er eher erleichtert war: »Obwohl seine Verantwortung und die an seine Finanzen gestellten Ansprüche gewachsen waren, konnte zumindest kein Zweifel darüber bestehen, wer das Oberkommando hatte.« Ein Brief des englischen Königs beweist, dass er mit Optimismus in die Zukunft blickte: »Mit Gottes Gnade hoffen wir, die Stadt Jerusalem und das Heilige Grab innerhalb von zwanzig Tagen nach Weihnachten wiederzuerlangen.«

„ Richard hatte allen Grund, siegessicher zu sein. "

Richard hatte allen Grund, siegessicher zu sein. Seine Soldaten gingen für ihn durchs Feuer, weil sie wussten, dass er sich nicht schonte und immer an vorderster Front kämpfte. Auch seine Feinde respektierten ihn: Baha ad-Din, einer der erfahrensten Hauptleute Saladins, der die Verteidigung Akkons geleitet hatte, nannte den englischen König einen »Mann von großem Mut und Geist«, er verfüge über »Weisheit, Erfahrung, Tapferkeit und Energie«.

Von Akkon aus marschierte Richard mit dem Kreuzfahrerheer an der Küste entlang in Richtung Süden. Zunächst ging alles nach Plan: Die Armee kam zügig voran. Die englischen Galeeren boten Schutz von der Meerseite, und die Kavalleristen Saladins, die immer wieder aus dem Landesinneren herangesprengt kamen, konnten den Vormarsch nicht stoppen. Richard eroberte Jaffa, ließ Berengaria und seine Schwester Johanna kommen, dann schickte er Botschafter mit einem Friedensangebot zu Saladin: Wenn der sich aus Jerusalem zurückzöge, würde der englische König kein weiteres Blut vergießen.

Der Sultan lehnte ab: Jerusalem war und ist den Muslimen ein heiliger Ort, weil von hier aus der Prophet zum Himmel gefahren war.

Wenn Richard die Stadt haben wollte, musste er sie erobern. Umgehend ordnete dieser den Marsch auf die Heilige Stadt an. Das Heer kam bis Beit Nuba, 30 Kilometer vor Jerusalem, als sich der englische König plötzlich zum Rückzug entschloss: Es war Winter geworden, Regen und Kälte hatten den Soldaten arg zugesetzt; eine Belagerung war riskant, da die Entsatzarmee Saladins das Heer einkreisen konnte. Und selbst wenn es gelang, die Stadt einzunehmen, hatte Richard nicht genügend Männer, um sie dauerhaft zu halten. Die Kreuzritter waren enttäuscht: Sie hatten Hunger, Durst und Krankheiten erduldet, um Jerusalem zu befreien, ihr Ziel war zum Greifen nahe gewesen, und nun mussten sie kampflos den Rückmarsch antreten.

Doch der Kreuzzug war noch nicht zu Ende. Richard ließ auf Empfehlung seiner Berater die strategisch wichtige Hafenstadt Askalon zu einer Festung ausbauen, um einen Stützpunkt für künftige Eroberungen zu besitzen. Im Frühjahr 1192 allerdings überbrachte ein Kurier dem englischen König schlechte Nachrichten aus Europa: Johann, sein Bruder und designierter Thronfolger, hatte sich mit Philipp II. verschworen. Dieser war im Begriff, in die Normandie einzumarschieren, obwohl er versprochen hatte, für die Dauer des Kreuzzugs Richards Herrschaftsgebiet zu respektieren.

Der englische König steckte in der Klemme: Wenn er sein Angevinisches Reich retten wollte, musste er schnellstens nach Hause, doch dann war der Kreuzzug sinnlos gewesen. Blieb er, so hatte er die Chance, Jerusalem zu erobern und unsterblichen Ruhm zu erlangen. Doch wenn er scheiterte, war alles verloren! Der König zog sich in sein Zimmer zurück und wollte niemanden sehen. Nach tagelangem Grübeln entschloss er sich für das Risiko: Der Kreuzzug ging weiter.

> **Der König zog sich in sein Zimmer zurück und wollte niemanden sehen.**

Auch der zweite Versuch, Jerusalem zu erobern, endete in Beit Nuba. Von der Kuppe eines nahe gelegenen Hügels konnte Richard die Heilige Stadt sehen. In einer Legende aus dem 13. Jahrhundert heißt es, der König habe die Augen mit seinem Schild bedeckt und weinend Gott gebeten, nicht auf die Stadt blicken zu müssen, die er nicht befreien konnte. Die Realität war weit weniger dramatisch: Richard ließ den »Rat der Zwanzig« einberufen, der aus ortskundigen Templern, Hospitalitern und Adligen bestand. Diese empfahlen, auf die riskante Belagerung Jerusalems zu verzichten. Stattdessen sollte er mit seinem Heer nach Ägypten ziehen, um Saladin von seinen schier unerschöpflichen Ressourcen im Niltal abzuschneiden. Der König ordnete daraufhin den Rückzug an. Der Ägyptenfeldzug kam jedoch nicht zustande, weil nur ein kleiner Teil der Armee bereit war, das Unternehmen zu unterstützen.

Damit wurden Richards schlimmste Befürchtungen wahr: Er hatte Jerusalem nicht befreien können, und sein Angevinisches Reich war vielleicht schon verloren. Jetzt durfte er keine Zeit mehr verlieren! Obwohl er unter hohem Fieber litt – wahrscheinlich hatte er Malaria –, handelte der König schnell einen Waffenstillstand mit Saladin aus: Die Kreuzfahrer mussten auf die neu erbaute Festung Askalon verzichten, dafür wurde das Land zwischen Tyrus und Jaffa – inklusive der Festung Akkon – ein christliches Königreich. Außerdem versprach Saladin allen Pilgern freien Zugang zu den heiligen Stätten. Der Vertrag wurde am 2. September 1192 unterzeichnet.

> **Die Kreuzfahrer mussten auf die neu erbaute Festung Askalon verzichten.**

Richards Kreuzzug war zu Ende. Er organisierte die Rückreise für Berengaria und Johanna via Brindisi und Rom nach Aquitanien, sein Stammherzogtum im Südwesten Frankreichs. Er selbst schiffte sich am 9. Oktober ein, um auf schnellstem Wege in sein Reich zurückzukehren. Hätte er noch ein halbes Jahr gewartet, wäre die Geschichte anders ausgegangen: Im März 1193 starb Saladin, doch da war Richard schon ein Gefangener – in Deutschland.

Sultan Saladin

Wer war eigentlich Salahaddin Yusuf Ibn Ayyub?

Von Wulf Bröning

Der erste Kreuzzug war vorüber, und im Heiligen Land herrschte alles andere als Ordnung. Die Kreuzfahrerfürsten hatten den Muslimen nicht nur Jerusalem entrissen, sie hatten auch im Machtvakuum des schwächelnden Byzantinischen Reiches ihre eigenen Staaten gegründet. Strategische Überlegungen waren dabei meist zweitrangig gewesen, denn in erster Linie war es den neuen Königen um ihre eigenen machtpolitischen Interessen gegangen. Im Heiligen Land setzten die Ritter die Fehden fort, die sie schon in Europa gegeneinander ausgetragen hatten.

Anfang des 12. Jahrhunderts war es daher nicht mehr ganz einfach, zwischen Freund und Feind zu unterscheiden. Die europäischen Christen kämpften gegen die griechisch-orthodoxen Glaubensbrüder, Engländer gegen Franzosen oder Deutsche, und hin und wieder verbündete man sich auch mit den Muslimen gegen christliche Konkurrenten.

Was man brauchte, um Ordnung in das politische Durcheinander zu bringen, war ein Mann, der die höfischen Ideale eines Ritters verkörperte: ein strategisches Genie, ein geübter Krieger, der im Kampf unnachgiebige Härte zeigte, aber den Besiegten gegenüber Milde walten ließ. Einen gebildeten, bei allen Vorzügen aber immer bescheidenen Mann. Einen Mann, der nach den Worten des arabischen Chronisten Ibn Shaddad Baha' Addin (1145–1234) »gute Manieren hatte und zu unterhalten wusste …, der zu seinem Wort stand und loyal war«. Der Mann, auf den diese Aufzählung höfischer Tugenden tatsächlich zutraf, hatte aus christlicher Sicht nur einen entscheidenden Fehler: Er war Muslim.

Salahaddin Yusuf Ibn Ayyub oder kurz Saladin war Kurde und 1138 in Tikrit im heutigen Irak geboren worden. Bereits als Jugendlicher hatte er Erfahrungen mit den »Franken«, wie die Muslime die

Eindringlinge aus dem Abendland nannten, sammeln können. Unter dem Oberbefehl seines Onkels Assadaddin Shirkuh waren die Türken aus Syrien in Ägypten eingefallen, um zu verhindern, dass das Land von den Christen erobert wurde. Das Ergebnis dieses Präventivschlags war ein unübersichtlicher Mehrfrontenkrieg zwischen Shirkuh, dem christlichen König Amalrich I. von Jerusalem (1163–1174) und dem ägyptischen Kalifen Shawar, der von dieser Art militärischer »Unterstützung« gar nicht angetan war.

> **Saladin war überzeugter Muslim, der in der Verbreitung des Islam seine religiöse Pflicht sah.**

Im Laufe der Feldzüge hatte Saladin die militärische Karriereleiter erklommen, und wo das notwendige Quäntchen Glück fehlte, hatte er mit aller Entschlossenheit nachgeholfen. Der Tod seines Onkels Shirkuh ebnete ihm den Weg in die politische Führung der Heimat, und mit der Ermordung Shawars wurde Saladin mit 31 Jahren Oberbefehlshaber der syrischen Armee. Ab jetzt stand er als Verantwortlicher in der ersten Reihe im Kampf gegen die Kreuzritter.

Doch sein Kampf gegen die Christen war mehr als eine militärische Notwendigkeit. Saladin war überzeugter Muslim, der in der Verbreitung des Islam seine religiöse Pflicht sah. Bevor er sich allerdings in einen Dschihad, einen heiligen Krieg, gegen die Christen stürzen konnte, musste er noch dafür sorgen, dass seine frisch gewonnene Macht ihm nicht wieder entrissen wurde.

Nur zwei Jahre brauchte der Sunnit, um 1171 die schiitischen Fatimiden in Ägypten zu stürzen, seine eigene Glaubensrichtung zur alleinigen Religion zu machen und sich selbst an die Spitze des Reiches zu stellen. Zwar war Saladin nach seinem Staatsstreich immer noch ein Vasall des syrischen Emirs Nuraddin, aber er hatte wesentlich ambitioniertere Pläne. Um seine Machtansprüche auch in Syrien durchsetzen zu können, musste er nur noch auf eine passende Gelegenheit warten.

Seinem syrischen »Vorgesetzten« war Saladins Ehrgeiz nicht entgangen. Da kein Weg an einem militärischen Entscheidungskampf vorbeizuführen schien, begannen beide Seiten systematisch damit, ihre Armeen zusammenzuziehen. Bevor sie jedoch zur entscheidenden Schlacht aufeinandertrafen, starb Nuraddin 1174 im Alter von 56

Jahren. Das war die Chance, auf die Saladin gewartet hatte: Mit einer kleinen, aber schlagkräftigen Truppe zog er nach Syrien und beanspruchte die Herrschaft für sich. Nuraddins minderjähriger Erbe hatte dem Usurpator nichts entgegenzusetzen.

Die nächsten zwölf Jahre verbrachte Saladin damit, Syrien, Mesopotamien, Palästina und Ägypten zu einem einheitlichen Herrschaftsgebiet zusammenzuschmieden. Wo es möglich war, bevorzugte er eine diplomatische Regelung, doch er schreckte auch nicht davor zurück, seine Interessen mit Waffengewalt durchzusetzen. Trotz seines Ehrgeizes versuchte Saladin, immer die Verhältnismäßigkeit der Mittel zu bewahren: Freude an Grausamkeiten und Ausschweifungen waren dem strenggläubigen Sultan genauso fremd wie Intrigen und Ränkespiele. Nachdem der Widerstand gegen die Kreuzritter seit fast hundert Jahren an der traditionellen Uneinigkeit der einzelnen muslimischen Reiche gescheitert war, ermöglichten Saladins Eroberungen jetzt endlich ein koordiniertes Vorgehen gegen die Europäer.

Der erste Gegner, auf den er bei seinem Kampf treffen sollte, hätte dabei keinen krasseren Gegensatz zu Saladins ausgeglichenem Charakter bilden können. Rainald von Châtillon (um 1125–1187) stammte aus dem niederen Adel Frankreichs. Wie viele seiner Standesgenossen hatte er als nachgeborener Sohn kaum eine Aussicht darauf, einmal das Erbe seines Vaters anzutreten. Da in Europa keine Möglichkeit bestand, die eigene Position durch Eroberungszüge zu verbessern, hatte er sich 1147 als Ritter dem zweiten Kreuzzug angeschlossen, um in Palästina sein Glück zu suchen. Eine Entscheidung übrigens, die mit ihm noch Tausende anderer »überzähliger« Söhne getroffen hatten.

> **Saladins Eroberungen ermöglichten jetzt endlich ein koordiniertes Vorgehen gegen die Europäer.**

In Palästina angekommen, schloss sich Rainald den Truppen Balduins III. (1143–1163) an, der wenige Jahre zuvor König von Jerusalem geworden war. Kurz darauf zog er sich jedoch zurück und trat stattdessen in die Dienste von Konstanze von Antiochia. Die Adlige hatte ihren Mann 1149 in einer Schlacht gegen Nuraddin verloren, und es dauerte nicht lange, bis sie sich Hals über Kopf in den charismatischen Ritter verliebte. 1153 heirateten die beiden, und Rainald schien am

Ziel seiner Wünsche zu sein: Er hatte auf dem Kreuzzug nicht nur eine Frau gefunden, er war durch die Heirat auch zum Herrscher des Fürstentums Antiochia geworden. Ein beeindruckender Aufstieg für einen einfachen Ritter.

Die neue Machtposition brachte allerdings bald die weniger angenehmen Züge in Rainalds Charakter zum Vorschein. Erstes prominentes Opfer war der Patriarch von Antiochia. Mit hemmungsloser Gewalt ließ der Fürst den Bischof foltern, um Geld zu erpressen. Anschließend ließ er sich nur zu gerne vom byzantinischen Kaiser Manuel I. zu einem Überfall auf einen christlichen Glaubensbruder, den armenischen König Thoros II., überreden.

Doch Rainald erwies sich als wesentlich skrupelloser, als sein Auftraggeber angenommen hatte. Überraschend schloss er Frieden mit Thoros und überfiel 1155 mit ihm zusammen die Insel Zypern, wo er Kirchen und Klöster plünderte. Zypern war pikanterweise ein Teil des Byzantinischen Reiches, und der Kaiser war nicht gewillt, diesen dreisten Verrat auf sich beruhen zu lassen. Vier Jahre lang sollte es dauern, bis der byzantinische Kaiser Zeit für seine Rache fand. 1158 vernichtete Manuel I. in einer Strafaktion das Heer von Thoros II. und besetzte dessen Reich. Um seine Haut zu retten, unterwarf sich Rainald dem Kaiser und erklärte sich dazu bereit, seine Zitadelle den Byzantinern zu überlassen. Und: Als Manuel I. in Antiochia eintraf, führte Rainald als Zeichen seiner Demut das Pferd des Kaisers in die Stadt. Eine schmerzhafte Erniedrigung für den aufbrausenden Fürsten.

> **Rainald erwies sich als wesentlich skrupelloser, als sein Auftraggeber angenommen hatte.**

Rainalds Pechsträhne war damit allerdings noch nicht beendet. Weil Manuel I. ihn fürs Erste in die Schranken verwiesen hatte, musste sich Rainald zwangsläufig nach neuen Geldquellen umsehen. Trotz seiner zweifelhaften Charakterzüge konnte man ihm großen Mut und persönlichen Einsatz nicht absprechen. Er nahm höchstpersönlich an zahlreichen Raubzügen teil, auf denen er die Landbevölkerung der benachbarten Reiche terrorisierte und ausraubte.

Doch Fürstentitel hin oder her: In den Augen seiner Nachbarn waren diese Aktionen schlichtes Raubrittertum, mit dem sich Rainald weitere Feinde einhandelte. 1160 missglückte einer dieser Raubzüge gründlich, und der Fürst fand sich in muslimischer Gefangenschaft wieder. Er hatte Glück, dass er als Adliger nicht ohne langen Prozess hingerichtet wurde – vor dem Kerker allerdings konnte ihn sein Titel nicht bewahren. Dass Rainalds Gegner für seine Skrupellosigkeit wenig Verständnis aufbrachten, zeigte die Länge der Gefängnisstrafe: 16 Jahre, von 1160 bis 1176, wurde Rainald in Aleppo festgehalten, bevor man ihn wieder auf freien Fuß setzte.

Manch anderer wäre an der Strafe zerbrochen. Doch obwohl Rainald nach seiner Freilassung buchstäblich vor dem Nichts stand – seine Frau war 1163 gestorben und ihr Sohn aus erster Ehe hatte den Fürstentitel geerbt –, machte er sich mit unverminderter Energie daran, eine neue Existenz aufzubauen. Sein erster Schritt bestand darin, sich eine

> **Der Gegenschlag war ein voller Erfolg.**

neue, vermögende Frau zu suchen. Sein Blick fiel dabei auf Stefanie, die Witwe des Herrn von Transjordanien. Durch eine eilends anberaumte Hochzeit wurde Rainald wieder zum Fürsten.

Zu seinem Herrschaftsgebiet gehörte auch die Festung Kerak, die auf einem steilen Felsen gelegen war. Von hier aus erlaubte sie die Kontrolle der Karawanenrouten zwischen Damaskus, Mekka und Ägypten. Eine Versuchung, die zu groß war für Rainald, dessen Gier ihm wieder einmal den Blick für das Sinnvolle verschleierte.

Mit Saladin war Rainald 1177 zum ersten Mal zusammengetroffen, als er geholfen hatte, dem Sultan bei Montgisard eine schwere militärische Niederlage zuzufügen. Im Anschluss an die Schlacht hatte Saladin sich bereit erklärt, einen Friedensvertrag mit den Kreuzrittern abzuschließen. Eben diesen Vertrag brach Rainald 1181, indem er eine Pilgerkarawane auf dem Weg nach Mekka überfiel und ausplünderte. Saladin war empört und verlangte von König Balduin IV. von Jerusalem (1174–1185) die Rückgabe der Beute oder zumindest eine angemessene Entschädigung. Balduin jedoch lehnte ab. Er erklärte sich für die Taten Rainalds nicht verantwortlich, und so ging der Friede nach nur einem Jahr in die Brüche.

Jetzt waren bei Rainald alle Hemmungen gefallen. Mit einigen Galeeren errang er die Seehoheit auf dem Roten Meer und störte durch die Blockade des Hafens Elath die muslimischen Handelsrouten empfindlich. Piraterie und die Plünderung weiterer Küstenstädte waren dabei nur der Auftakt zu seinem größten und waghalsigsten Unternehmen: dem Angriff auf Mekka.

So weit konnte es Saladin nicht kommen lassen. Um die Gefahr abzuwenden, beauftragte er seinen Bruder, mit der Bedrohung ein für alle Mal Schluss zu machen. Der Gegenschlag war ein voller Erfolg: Rainalds Flotte wurde gestellt und alle Piraten öffentlich hingerichtet.

Währenddessen startete Saladin 1183 einen Angriff auf Kerak. Als die Belagerten ihn davon unterrichteten, dass dort eine Hochzeit stattfand, wies Saladin trotz seines Zorns die Katapultschützen an, zeitweilig einen anderen Gebäudeflügel unter Beschuss zu nehmen. Die Belagerung konnte schließlich dank tatkräftiger Unterstützung von Graf Raimund III. von Tripolis (um 1140–1187) aufgehoben werden, doch erneut zeigte Rainald keine Loyalität. Vier Jahre später intrigierte er gegen seinen ehemaligen Helfer, als dieser versuchte, König von Jerusalem zu werden. Die Krone ging dank Rainalds Einfluss schließlich 1186 an Guido von Lusignan.

Doch die Lust an Plünderungen war Rainald immer noch nicht vergangen: Noch im gleichen Jahr überfiel er eine Karawane, in der sich auch Saladins Schwester befand, und brach damit erneut den Waffenstillstand. Zwar war er von Guido für seinen Angriff zurechtgewiesen worden, doch Saladin hatte mit dieser erneuten Provokation endgültig die Geduld verloren: Er schwor, Rainald im Falle einer Gefangennahme eigenhändig hinzurichten.

Mittlerweile wähnte sich Saladin stark genug, um einen konzentrierten Angriff auf die Kreuzritterstaaten zu wagen. 1187 fiel er in das Königreich Jerusalem ein, um die Heilige Stadt in die Hände der Muslime zu bringen. Als Saladin die Stadt Tiberias am See Genezareth belagerte, brachen Guido, Rainald und Raimund mit 1200 Rittern und ungefähr 20.000 Fußsoldaten zur Unterstützung der Eingeschlossenen auf. Mit der Einigkeit unter den Heerführern war es jedoch nicht weit her. Raimund sprach sich in

„1187 fiel Saladin in das Königreich Jerusalem ein.“

aller Deutlichkeit gegen einen Gewaltmarsch in der größten Sommerhitze aus, konnte sich mit seiner Meinung jedoch nicht durchsetzen.

Am Morgen des 3. Juli setzte sich das Heer in Bewegung. Saladins Taktik bestand darin, den Gegner von Anfang an nicht zur Ruhe kommen zu lassen. Ständige Angriffe seiner Reiterei richteten zwar keinen großen Schaden an, doch sie zermürbten die von der Hitze geplagten Ritter. Die Versorgung mit Wasser war ein ständiges Problem unter der glühend heißen Sonne, und Saladin nutzte diese Schwäche geschickt aus, indem er den Rittern den Zugang zum See Genezareth versperrte. Den Kreuzfahrern blieb nichts anderes übrig, als trotz der direkten Nähe des Feindes ungeschützt auf offenem Feld zu kampieren. Umgeben von Saladins Männern konnten die Kreuzritter nichts anderes tun, als auf die Schlacht am nächsten Tag zu warten.

Als der Kampf nach einer schlaflosen Nacht begann, gelang es Saladin, Ritter und Fußtruppen des Gegners zu trennen. Letztere zogen sich zum Berg Hattin zurück und überließen die Ritter damit ihrem Schicksal. Allein Raimund gelang mit etwa 200 Rittern der Durchbruch durch die feindlichen Reihen, und er konnte sich nach Norden absetzen. Dass er mit seinen Warnungen recht gehabt hatte, war angesichts der vollständigen Niederlage nur ein schwacher Trost.

Guido kämpfte sich unter größten Anstrengungen ebenfalls zum Berg Hattin durch, doch gegen die

> **Gegen die ausgeruhten Männer Saladins hatten Guidos müde Krieger keine Chance.**

ausgeruhten Männer Saladins hatten seine müden Krieger keine Chance. Guido und Rainald wurden gefangen genommen und vor den Sultan gebracht. Der muslimische Chronist Imad al-Din al-Isfahani berichtet von Saladins Großmut den christlichen Fürsten gegenüber: »Guy [König Guido] hechelte vor Durst, wackelte mit dem Kopf, als sei er betrunken, und sein Gesicht verriet große Furcht. Saladin sprach beruhigende Worte zu ihm, ließ gekühltes Wasser kommen und bot es ihm an. Der König trank und reichte dann den Rest Arnat [Rainald], der ebenfalls trank. Da sprach der Sultan zu Guy: Du hast mich nicht um Erlaubnis gefragt, ob du ihm zu trinken geben darfst, ich bin also nicht verpflichtet, ihm Gnade zuteil werden zu lassen. Nach diesen Worten verließ der Sultan das Zelt, stieg auf sein Pferd, ritt davon und überließ die Gefangenen ihrer Angst. Er überwachte die Rückkehr der Truppen, dann ritt er zum Zelt zurück, ließ Arnat kommen, ging mit gezücktem Säbel auf ihn zu und schlug ihm zwischen Hals und Schulterblatt. Arnat fiel zu Boden, und man schlug ihm den Kopf ab, dann schleifte man den Körper an den Füßen vor den König, der zu zittern begann. Aber als der Sultan ihn so vor Furcht geschüttelt sah, sprach er beschwichtigend zu ihm: Dieser Mann musste nur wegen seiner Missetaten und seiner Treulosigkeit sterben.«

In den folgenden zwei Monaten eroberte Saladin einen christlichen Stützpunkt nach dem anderen. Nablus, Jaffa, Askalon und die meisten anderen Städte des Königreiches Jerusalem fielen in nur zwölf Wochen. Doch der größte Schock sollte noch folgen: Am 2. Oktober 1187 ergab sich Jerusalem den Muslimen. Den Kreuzfahrern blieben nur Tyros, Tripolis und Antiochia. Und wieder einmal zeigte sich Saladin großmütig: Ein Blutbad unter der Bevölkerung, wie es gut neunzig Jahre zuvor die Kreuzritter angerichtet hatten, blieb aus: Gegen ein Lösegeld durften die Einwohner abziehen.

> **Den Kreuzfahrern blieben nur Tyros, Tripolis und Antiochia.**

Saladin hatte allerdings nicht mit dem Aufschrei gerechnet, den die Eroberung Jerusalems in Europa auslöste. Keine vier Wochen später rief Papst Gregor VIII. die Christenheit zum dritten Kreuzzug auf. Und die Antwort war überwältigend. Mit Kaiser Friedrich I. Barbarossa, Philipp II. von Frankreich und Richard I. Löwenherz aus England meldeten sich die drei wichtigsten Regenten Europas zur Teilnahme: Die größte Heeresansammlung seit dem ersten Kreuzzug brach 1189 ins Heilige Land auf.

Gegen die geballte Streitmacht hätte Saladin keine Chance gehabt, doch wieder einmal scheiterten die Kreuzfahrer an ihren eigenen Streitigkeiten und den widrigen Umständen. Friedrich I., der den Landweg nach Palästina gewählt hatte, errang zwar zwei anfängliche Siege gegen Saladin, ertrank aber kurz darauf im Fluss Saleph (heute Göksu), woraufhin der größte Teil seines Heeres desillusioniert umkehrte.

Philipp und Richard hatten erst ihre politischen Streitigkeiten beilegen müssen, bevor sie auf dem Seeweg im Heiligen Land ankamen. Sie eroberten Akkon, das seit zwei Jahren erfolglos belagert worden war. Wenig überraschend kam es im Anschluss an die Eroberung zu Streitigkeiten zwischen Richard und Philipp, sodass der Franzose mit seinem Heer in die Heimat zurückkehrte.

Richard ließ sich jedoch nicht entmutigen und kämpfte auf eigene Faust gegen Saladin. Trotz seiner zahlenmäßigen Unterlegenheit gelangen ihm einige Achtungserfolge, und er konnte einen schmalen Küstenstreifen zwischen Tyros und Jaffa erobern. Der Angriff auf Jerusalem scheiterte jedoch, und Richard war zunehmend beunruhigt über die Situation in der Heimat, wo sein Bruder Johann ihm den Thron streitig machte.

In dieser kritischen Situation zeigte sich der König pragmatisch. Da eine Eroberung Jerusalems ausgeschlossen schien, ging er einen Friedensvertrag mit Saladin ein und handelte für christliche Pilger das Recht aus, die heilige Stadt zu besuchen. Mitte Oktober 1192 verließ Richard Palästina, und Saladin zog sich nach Damaskus zurück. Ein Leben voller Kriege und Entbehrungen forderte jetzt seinen Tribut: Nachdem Saladin den Kreuzfahrern Palästina nach hundertjähriger Herrschaft fast vollständig entrissen hatte, starb er am 4. März 1193 in Damaskus.

> **Richard ließ sich jedoch nicht entmutigen und kämpfte auf eigene Faust gegen Saladin.**

Während Saladins Nachkommen unverzüglich darangingen, sich um die Herrschaft zu streiten, fasste der Chronist Ibn Shaddad Baha' Addin das Lebenswerk des größten muslimischen Helden treffend zusammen: »Saladin verwendete nicht eine einzige Gold- oder Silbermünze auf etwas anderes als den Dschihad ... Um für Gottes Sache zu kämpfen, verließ er Familie, Kinder, Heimat und alles, was er besaß ...«

Im kollektiven Gedächtnis der Region haben Saladins Taten bis heute solche Spuren hinterlassen, dass islamische Machthaber von Gamal abd-el Nasser über Muammar al-Gaddhafi bis hin zu Saddam Hussein versucht haben, sich in die Tradition des weisen, gütigen und nicht zuletzt erfolgreichen Saladin zu stellen.

Die wahre Geschichte von Robin Hood
Vom Wegelagerer zum Volkshelden

Von Wulf Bröning

Kennen Sie Robin Hood? Höchstwahrscheinlich denken Sie jetzt an einen grün gekleideten Bogenschützen, der mit seinen »fröhlichen Gesellen« den Sherwood Forest unsicher macht, dem verschlagenen Sheriff von Nottingham eins auswischt und am Ende mit dem Segen von König Richard Löwenherz die Maid Marian heiratet. Wenn das Ihrer Vorstellung entspricht, dann lautet die Antwort: Nein, den »echten« Robin Hood kennen Sie sicher nicht. Wenn Sie hingegen an einen notorischen Verbrecher denken, der in den Wäldern haust, frommen Mönchen grausam die Kehle durchschneidet und die Beute aus seinen Überfällen in die eigene Tasche steckt, dann sind Sie dem richtigen Robin Hood schon eher auf der Spur. Einer Spur, die hinter einer langen Kette von Legenden verborgen ist.

Auf der Suche nach dem ursprünglichen Robin Hood muss man weit in die Vergangenheit reisen. Vom skrupellosen Halsabschneider bis zum edlen Banditen war es ein langer Weg, und die ältesten Hinweise führen zurück in das vorchristliche Britannien. Riesige Waldgebiete bedeckten die Britischen Inseln, und die meisten Menschen mieden das Halbdunkel zwischen Tannen und Eichen. Hier hausten nicht nur wilde Tiere, sondern auch Wesen aus einer anderen Welt. Geister und Dämonen, die mit dem Bösen im Bunde standen, Reisende in die Irre führten und so geheimnisvolle Namen wie Puck, der »Grüne Mann« und der »Gehörnte Gott« trugen. Der Kobold Robin Goodfellow war ebenfalls einer von ihnen. Sein Vorname »Robin« war zwar im Mittelalter eine gängige Bezeichnung für den Teufel, doch neben allen üblen Tricks, mit denen er die Menschen narrte, hatte Robin Goodfellow auch eine gute Seite: Hin und wieder kam er Bedürftigen zu Hilfe.

Im Laufe des frühen Mittelalters wandelten sich durch die Christianisierung diese Vorstellungen: Aus Feen und Elfen wurden Menschen, die von nun an die jeweiligen Charaktereigenschaften verkörperten. Und es dauerte nicht lange, bis auch der erste Robin Hood aus Fleisch und Blut von sich reden machte. Seine Spur führt in die Grafschaft Yorkshire. Hier, gut 100 Kilometer nördlich von Nottingham, steckte ein gewisser Robert of Wetherby in finanziellen Schwierigkeiten. Der Stadtschreiber von York registrierte im Jahr 1226 penibel, dass Wetherby, genannt »Robert Hod«, dem Erzbischof 32 Shilling und 6 Pence schuldete. Die Bücher verraten ebenfalls, dass Hod seine Schulden nicht etwa bezahlte, sondern untertauchte. Unter dem Spitznamen »Hobehod« trieb er zum Ärger der Obrigkeit in den folgenden Jahren als Räuber sein Unwesen.

Die Stadt York ließ sich die Fahndung nach »Hobehod« einiges kosten: 40 Shilling gab man im ersten Jahr für seine Ergreifung aus, im folgenden noch einmal 28. Ganz offensichtlich hatte die Suche letztlich Erfolg, denn es wurden noch einmal Kosten von zwei Shilling aufgeführt: Geld für einen Strick, an dem der Ganove sein Leben aushauchte.

„ Es dauerte nicht lange, bis auch der erste Robin Hood aus Fleisch und Blut von sich reden machte. Seine Spur führt in die Grafschaft Yorkshire. "

Einige Jahrzehnte später machte erneut ein Gesetzloser von sich reden: William le Fevere hatte ernsthafte Probleme mit dem Prior von Sandleford. Dieser hatte den Besitz des Edelmannes an sich gebracht und den Beraubten ohne Gerichtsurteil kurzerhand für geächtet erklärt. Interessant wird diese dreiste, aber keineswegs einzigartige »Selbstbedienung« im folgenden Jahr. In dem gleichen Dokument, in dem der Prior für seinen Fehltritt begnadigt wird, findet sich auch ein neuer Name für das Opfer: Aus William le Fevere war William Robehod geworden.

Ende des 13. Jahrhunderts kam ein weiteres historisches Vorbild für die Figur des Robin Hood zur Welt. Genau wie der Robin in den späteren Sagen stammte auch Robert Hood aus Locksley, und genau wie dieser verlor auch er Haus und Hof und musste in die Wälder fliehen. Im Gegensatz zum edlen Robin späterer Jahrhunderte hatte sich Robert sein Schicksal allerdings selbst zuzuschreiben: Im Alter von 15 Jahren hatte Robert seinen Stiefvater bei der Feldarbeit mit einer Sichel umgebracht. Anschließend war dem jungen Mann als gesuchtem Mörder nichts anderes übrig geblieben, als in die Wälder zu fliehen. Um nicht zu verhungern, schlug er sich mit kleinen Diebstählen durch.

Robert, der zum jungen Mann herangewachsen war, schloss sich 1322 dem mächtigen Baron Thomas von Lancaster an, der in Nordengland einen Aufstand gegen König Edward II. (1307–1327) angezettelt hatte. Doch die Rebellion war nur von kurzer Dauer: Lancaster und seine Mannen wurden vernichtend geschlagen, Thomas selbst ohne Verfahren hingerichtet. Zur Strafe erklärte man die wenigen Überlebenden für vogelfrei. Robert Hoods Situation hatte sich damit keinen Deut verbessert. Weil er jetzt rechtlos war und ihm niemand Unterschlupf gewähren durfte, blieb ihm erneut nichts anderes übrig, als sich in die Wälder zurückzuziehen.

Auch wenn die Lebensläufe dieser drei Ganoven auf den ersten Blick nur wenig gemeinsam haben, so gibt es doch eine deutliche Parallele zu den verschiedenen Robin Hoods der Sage: Alle Roberts, Robins oder Hobehods standen im Kampf mit der Obrigkeit und mussten in den Wäldern Zuflucht suchen. Und genau darin lag der Erfolg der Legenden. Ein Held, der alles verloren und dennoch ein Leben in Freiheit gewonnen hatte, war genau nach dem Geschmack der überwiegend armen Bevölkerung. Dass der Held darüber hinaus auch noch der verhassten Obrigkeit ein Schnippchen schlug, machte die Sache perfekt.

> **Ein Held, der alles verloren und dennoch ein Leben in Freiheit gewonnen hatte, war genau nach dem Geschmack der überwiegend armen Bevölkerung.**

Gründe, einen Groll gegen Adel und Kirche zu hegen, gab es im Mittelalter zur Genüge. Die Grenzen zwischen den verschiedenen sozialen Schichten waren undurchlässig und der Aufstieg in einen höheren Stand für die meisten Menschen ausgeschlossen. Hinzu kam, dass die Pest, die von 1347 bis 1351 erstmals in Europa wütete, auch in England ihre Spuren hinterlassen hatte. Rund die Hälfte der Arbeitskräfte hatte sie dahingerafft, und die Landbesitzer konkurrierten um die verbleibenden Arbeiter. Dadurch stiegen die Löhne, während die Preise wegen geringerer Nachfrage sanken. Um diesen Effekt einzudämmen, einigten sich die Grundbesitzer 1351 auf ein Arbeitergesetz (»Statute of Labourers«), das unter anderem eine Obergrenze für die Löhne festlegte – was bei der Mehrheit der Bevölkerung auf wenig Gegenliebe stieß.

Das Rechtssystem nahm überhaupt wenig Rücksicht auf die Bedürfnisse der Ärmeren. Zwar wimmelte es in den Wäldern von jagdbarem Wild, doch viele Forste befanden sich im Besitz der Magnaten wie den Lancasters oder unterstanden der Krone – so auch der berühmte Sherwood Forest bei Nottingham. Allein der Grundherr und sein Tross hatten das Recht, dort zu jagen. Wer der Versuchung trotzdem nachgab und erwischt wurde, konnte nicht mit Gnade rechnen. Im besten Fall kamen Wilderer mit einer Kerkerstrafe davon, häufig wurden sie jedoch mit dem Tod bestraft.

> **Die stetig erhöhte Steuerlast – Johann benötigte Geld für seine Kriegszüge gegen Frankreich – empörte die Leute.**

Diese Kluft zwischen Adel und einfachem Volk hatte sich bereits mit dem Ableben von König Heinrich II. aufgetan. Im Juli 1189 hatte zunächst sein Sohn Richard Löwenherz die Krone übernommen, doch hielt es den nicht lange in seinem Reich: Schon im folgenden Jahr begab er sich auf einen Kreuzzug und überließ die Regierungsgeschäfte der Obhut seines Bruders Johann.

Dieser hatte die undankbare Rolle des jüngsten Sohnes, der über keine Grundherrschaft verfügte, was ihm den Beinamen »Johann Ohneland« einbrachte. Um diesen entwürdigenden Zustand ein für alle Mal zu beenden, nutzte Johann die Abwesenheit Richards, um Thron und Land für sich zu gewinnen – was ihm nach dem Tod Richards 1199 auch gelang. Die Folgen für das Verhältnis zwischen Untertanen und Obrigkeit waren dramatisch. Vor allem die stetig erhöhte Steuerlast – Johann benötigte Geld für seine Kriegszüge gegen Frankreich – empörte die Leute. Außerdem war er von boshaftem Charakter und schwankte stets zwischen unberechenbarer Grausamkeit und tatenlosem Luxusleben. Das verschaffte dem Monarchen die zweifelhafte Ehre, bis heute als »schlechtester König Englands« zu gelten. Jeder, der sich gegen die Adligen und ihre Schergen wandte und obendrein ungestraft davonkam, wurde vor diesem Hintergrund von der Landbevölkerung als Held verehrt.

Die Legendenbildung um Robin Hood wurde also durch die politischen Voraussetzungen ganz entscheidend begünstigt. Immer häufiger bekamen Gesetzlose den Namen »Robin Hood« verpasst, um zu verdeutlichen, dass es sich um gefährliche – und beim Volk beliebte – Kriminelle handelte. Und wer seine dunklen Machenschaften ins rechte Licht setzen wollte, legte sich auch schon mal selbst den wohlklingenden Namen zu. So geschehen in Norfolk, wo ein mörderischer Mob durch die Gassen zog und grölte: »Wir sind Robin Hoods Männer – Krieg, Krieg, Krieg!«

Mitte des 14. Jahrhunderts waren die Robin-Hood-Geschichten schließlich so bekannt, dass auch Schriftsteller auf den »Outlaw« anspielten. »Ich kenne nicht das Vaterunser, wie der Priester es rezitiert, aber die Verse von Robin Hood, die kenne ich.« Diese früheste literarische Erwähnung der Robin-Hood-Legende im allegorischen Gedicht ›Piers Plowman‹ von William Langland (um 1330–1387) zeigt, welche Bekanntheit der Mythos eines in den Wäldern lebenden Gesetzlosen zu dieser Zeit bereits erlangt hatte.

Mit der Erfindung des Buchdrucks wurden Robins Abenteuer zum Allgemeingut. 1450 bis 1500 erschienen in rascher Reihenfolge die Balladen ›Robin Hood und der Mönch‹, ›Robin Hood und der Sheriff‹, ›Robin Hood und der Töpfer‹ sowie ein ›Bericht über die Taten von Robin Hood‹. Mit diesen Erzählungen nahm die Legende von Robin Hood eine immer konkretere Gestalt an. Zwar hatte Robin noch keinen adligen Stammbaum, sondern war ein kleiner Grundbesitzer, aber viele seiner später weltbekannten Freunde und Feinde waren bereits jetzt mit von der Partie.

> **Mit der Erfindung des Buchdrucks wurden Robins Abenteuer zum Allgemeingut.**

Robins hünenhafter Stellvertreter Little John etwa, der nicht nur ein erstklassiger Stock- und Schwertkämpfer war, sondern auch mit Pfeil und Bogen meisterlich umging. Auch der kugelrunde Bruder Tuck gehörte schon früh zum festen Ensemble von Robins Truppe. Neben dunklem Ale und gutem Essen war der Mönch auch einem Kampf nicht abgeneigt und konnte es mit den stärksten Gegnern aufnehmen.

Will Scarlet war ein aufbrausender junger Mann, der wie kein anderer sein zweihändiges Schwert führte. In vielen Geschichten war er ein

Verwandter von Robin, meist sein Neffe oder Cousin. Wenn Will sein Temperament unter Kontrolle hielt, war er ein wichtiger Ratgeber bei der Planung neuer Angriffe. Und schließlich gab es noch den Müllerssohn Much. Der junge Bursche war zwar nicht der Hellste, aber seine Kraft machte ihn zu einer wertvollen Ergänzung der Partisanentruppe.

Auch auf der Gegenseite hatte sich bereits in diesen frühen Balladen eine feste Gruppe von Feinden etabliert: Die unheilige Allianz aus Klerus und Adel wurde vom diebischen Sheriff von Nottingham angeführt. Er war für die Verwaltung zuständig und setzte alles daran, Robin Hood und seine Gesellen zu fassen – ein Vorhaben, das er in den meisten Geschichten mit dem Leben bezahlen musste. Zwar gab es das Amt des Sheriffs der Stadt Nottingham erst ab 1449, während die Geschichten um Robin Hood schon längst vorher kursierten. Die Historiker vermuten jedoch, dass man den Verwalter der Grafschaft Nottinghamshire, der seit dem 13. Jahrhundert belegt ist, kurz »Sheriff von Nottingham« nannte. Da dessen Tätigkeit nicht bezahlt wurde, bedienten sich die Sheriffs bei ihren Untertanen, indem sie etwa überhöhte Steuern einzogen; deswegen waren sie bei der Bevölkerung nicht gerade beliebt. Auch der Kopfgeldjäger Sir Guy of Gisbourne verfolgte Robin gnadenlos, doch war ihm in den Legenden kein Erfolg beschert. Abgerundet wurde die Schar der Gegner durch gierige Mönche, verlogene Bischöfe und allerlei andere Kirchenmänner, die es mit den Zehn Geboten nicht so genau nahmen.

> „Auch der Kopfgeldjäger Sir Guy of Gisbourne verfolgte Robin gnadenlos, doch war ihm in den Legenden kein Erfolg beschert."

Auch wenn Robin in keiner der Erzählungen als wirklich skrupelloser Verbrecher dargestellt wurde, so waren er und seine Männer doch Gestalten einer früheren, barbarischen Zeit. Keiner von Robins »fröhlichen Gesellen« scheute sich etwa davor, dem jungen Begleiter eines Mönchs die Kehle durchzuschneiden, um sein Schweigen zu garantieren. Mit Guy of Gisbourne verfuhr Robin in der gleichnamigen Geschichte aus dem frühen 16. Jahrhundert ebenfalls grausamer, als es zu dem Bild eines Hollywood-Helden passen will. Nachdem er den Kopfgeldjäger im Duell besiegt hatte, schlug er dem Gegner den Kopf ab und befestigte das Haupt an der Spitze seines Bogens. Doch damit nicht genug: Anschließend bearbeitete er das Gesicht seines Opfers so lange mit dem Messer, bis »ihn selbst seine Mutter nicht wiedererkennen würde«.

Dass Robin in anderen Fällen mehr Mitgefühl zeigte, erfuhr der verzweifelte Ritter Sir Richard at the Lee. Sir Richards Sohn hatte bei einem Duell einen Mann erschlagen, und nun musste der Vater zur Strafe eine Kaution bezahlen. Die Summe war so hoch, dass sie Sir Richards finanzielle Möglichkeiten bei Weitem überstieg. Glücklicherweise gab es ganz in der Nähe die Mönche des Klosters St. Mary. Diese boten Bedürftigen nicht nur Hilfe bei Seelennot, sondern hatten sich auch auf die Behebung finanzieller Engpässe spezialisiert. Sie liehen dem Ritter das Geld, doch nicht ganz umsonst: 400 Pfund, nach heutigem Wert rund 400.000 Euro, musste Sir Richard samt Zins und Zinseszins fristgerecht zurückzahlen, wenn er Haus und Hof behalten wollte.

Robin jedoch hatte Mitleid mit dem geplagten Ritter und stellte ihm bereitwillig die benötigte Summe zur Verfügung. Völlig uneigennützig war die noble Geste allerdings auch diesmal nicht: Die 400 Pfund waren nicht etwa geschenkt, sondern bloß geliehen. Mit einem Mönch, den die Outlaws etwas später aufgriffen, verfuhr Robin weniger nachsichtig: 800 Pfund nahmen die fröhlichen Gesellen dem Gottesmann ab und teilten den Gewinn brüderlich mit Sir Richard.

Es gibt noch einen weiteren Punkt, der den mittelalterlichen Robin Hood von seinen modernen Nachfahren unterscheidet: Er war ein Gesetzloser mit Leib und Seele. Obwohl der König Robin alle Ver-

> **Ende des 16. Jahrhunderts war es an der Zeit, den mittelalterlichen Robin Hood den neuen Verhältnissen anzupassen.**

brechen vergab und ihm sogar eine Stelle als Bogenschütze anbot, war das ruhige Leben am Hof nicht von langer Dauer. Nach gerade einmal 15 Monaten zog es Robin gelangweilt zurück in den Sherwood Forest. Hier lebte er weitere 22 Jahre als Outlaw, bis auch ihn schließlich sein Schicksal einholte. Als er sich wegen einer Krankheit in die Obhut einer verwandten Nonne begab, ließ diese ihn während eines Aderlasses zu Tode bluten. Um das Andenken an ihn für immer auszulöschen, verscharrte sie die Leiche anschließend in einem unbezeichneten Grab.

Ende des 16. Jahrhunderts war es an der Zeit, den mittelalterlichen Robin Hood den neuen Verhältnissen anzupassen. Ein Gesetzloser mit bäuerlichem Hintergrund war einfach nicht mehr standesgemäß, und so verpasste man Robin Hood kurzerhand einen angemessenen Stammbaum. Robin wurde zum Earl of Huntington und war nun nicht mehr ein Zeitgenosse von König Edward (es ist unklar, welcher der drei Monarchen dieses Namens gemeint ist), sondern lebte gut 100 Jahre früher zu Zeiten von König Richard Löwenherz (1189–1199). Auch war es nicht mehr Mord, was ihn zum Verbrecher machte, sondern schlichte Schulden. Ein Problem, mit dem sich nicht nur das einfache Volk, sondern auch weite Teile des Adels identifizieren konnten.

Immer mehr wandelte sich der ehemalige Haudegen zu einem gesetzlosen, aber vorbildlichen Gentleman. Wenn er in der 1632 erschienenen ›Wahren Geschichte von Robin Hood‹ Kirchen und Klöster beraubte, dann nur, um den Ärmsten der Armen zu helfen. Robins Nächstenliebe ging sogar so weit, dass er mit seiner Beute acht Armenhäuser errichtete. Nur in der Tatsache, dass er gefangenen Mönchen die Genitalien abschnitt, blitzt noch etwas von seinem brutalen früheren Verhalten auf.

Jetzt endlich, nachdem er sich als Junggeselle durch das Mittelalter geschlagen hatte, bekam Robin auch eine würdige Partnerin zur Seite: Maid Marian. Eher untypisch für eine adlige Dame, wusste Marian auch mit Waffen umzugehen. Eine Fähigkeit, die ihr dabei half, den Avancen nicht nur des Sheriffs von Nottingham, sondern auch von Guy of Gisbourne und sogar Prinz Johann zu entkommen. Doch selbst wenn in keiner Legende ein Zweifel daran besteht, dass Robin und Marian füreinander bestimmt sind, bleibt die Beziehung zwischen

> **Robin wurde jetzt zu einem angelsächsischen Freiheitskämpfer, der den normannischen Eroberern die Stirn bot.**

den beiden lange rein platonisch. Die Bezeichnung Maid Marian macht deutlich, dass sich die Dame auch in den Wäldern stets sittsam und vorbildlich verhielt. Der Titel war nämlich nur unverheirateten Damen vorbehalten.

Wie schon zwei Jahrhunderte zuvor, musste sich der Mythos von Robin Hood im späten 18. Jahrhundert erneut den gesellschaftlichen

Veränderungen anpassen. Die Französische Revolution erschütterte Europa und verschaffte dem englischen Helden ein ganz neues Betätigungsfeld. Angesichts des französischen Erzfeindes erinnerte man sich an den Kampf zwischen Angelsachsen und Normannen, der nach der Schlacht von Hastings (1066) getobt hatte. Robin wurde jetzt zu einem angelsächsischen Freiheitskämpfer, der den normannischen Eroberern die Stirn bot. Verantwortlich dafür zeichneten zwei Männer: zum einen der englische Gelehrte Joseph Ritson, der 1795 eine Sammlung aller Robin-Hood-Geschichten herausgab (›Robin Hood: A Collection of all the Ancient Poems, Songs and Ballads, now extant, relative to that celebrated English Outlaw‹). Das Buch war ein voller Erfolg und wurde 100 Jahre lang immer wieder nachgedruckt. Ritson, ein Anhänger der Französischen Revolution, machte aus Robin Hood einen Vorkämpfer für die Freiheit und gegen die Tyrannei.

Heute ist der Gesetzlose politischer denn je. Er ist ein ökologischer Held. Es war ein weiter Weg, den Robin Hood vom mittelalterlichen Halsabschneider zum Hollywood-kompatiblen Leinwandhelden zurückgelegt hat.

Diese Sammlung beeinflusste den englischen Schriftsteller Walter Scott, der 1820 den historischen Roman ›Ivanhoe‹ veröffentlichte. Darin hat Robin Hood alias Locksley eigentlich nur eine Nebenrolle, doch wird er zum Anführer der »echten« Engländer, der Angelsachsen, gegen die normannischen Eindringlinge. Die Geschichte spielt in der Zeit von Richard Löwenherz, als man zwar am englischen Hof noch Französisch bevorzugte; der Konflikt zwischen Sachsen und Normannen hatte sich damals allerdings längst abgekühlt. Ein Anachronismus also, der jedoch die Leser nicht störte, denn auch dieses Buch wurde zum Bestseller und im 20. Jahrhundert zur Vorlage für zahlreiche Filme.

Im frühen 20. Jahrhundert entdeckte schließlich Hollywood den »König der Diebe« für sich. Mehr als ein Dutzend Kinofilme sowie unzählige Fernsehserien erzählten seitdem die Abenteuer des Robin Hood, und wohl keine hat die Vorstellung vom grün gewandeten Bogenschützen so sehr beeinflusst wie Errol Flynn in dem 1938 erschienenen Epos ›Die Abenteuer von Robin Hood‹. In Strumpfhosen, mit spitzer Mütze und charmantem Lächeln stellte er lange Zeit den Prototyp eines modernen Robin Hood dar.

Doch die Legende vom »König der Diebe« ist weit davon entfernt, an einem Schlusspunkt angekommen zu sein. Heute ist der Gesetzlose politischer denn je. Er ist ein ökologischer Held, Maid Marian kämpft für die Rechte der Frauen und manch einer erkennt in der Legende der räuberischen Männergemeinschaft sogar homoerotische Tendenzen. Es war ein weiter Weg, den Robin Hood vom mittelalterlichen Halsabschneider zum Hollywood-kompatiblen Leinwandhelden zurückgelegt hat. Aber seine Fähigkeit, sich immer wieder den wechselnden Verhältnissen anzupassen, wird dem Überlebenskünstler mit Sicherheit auch in Zukunft einen Platz in den dunklen Wäldern und in der Hitliste der beliebtesten Ganoven sichern.

Glaubensritter in der Heimat

Zwei Familienschicksale zur Zeit der Kreuzzüge

Von Britta Quebbemann

In Europa brodelte es an allen Ecken und Enden. Neue religiöse Orden wie die Dominikaner und Franziskaner oder Sekten wie die Katharer faszinierten die Menschen – und erschreckten sie zugleich. Wer war sich schon sicher, was gut, was schlecht, was heilsam und was eine Irrlehre war? Prediger wie Konrad von Marburg (um 1180/90–1233) zogen durch die Lande, um Männer zu bewegen, an immer neuen Kreuzzügen teilzunehmen. Konrad wusste, wie sie zu motivieren waren. Er erzählte ihnen drastisch vom Jüngsten Gericht und dann, wie man sich seiner Sünden entledigen könne. Durch die Abgabe von Geld und Besitz oder eben Teilnahme am Kreuzzug konnte jeder ein Stück vom Gnadenschatz der Heiligen erwerben. Heilige hatten mehr Verdienste erworben, als sie selbst für ihr Seelenheil brauchten. Den Überschuss, Gnadenschatz genannt, verwaltete und verteilte der Papst. Wieder einmal waren die Prediger erfolgreich. Von 1217 bis 1221 fand der fünfte Kreuzzug statt. Mit dabei waren der König von Ungarn, Andreas II. (1205–1235), und Graf Poppo VII. von Henneberg (1191–1245). Nur Kaiser Friedrich II. (1211–1250) hatte seine Teilnahme aufgeschoben …

Während sich die Kreuzfahrer ins Heilige Land in Bewegung setzten, bereitete Graf Otto von Botenlauben, der Bruder des erwähnten Poppo, die Rückkehr seiner Familie aus dem Orient nach Franken vor. Otto, der lockenhaarige Minnesänger und Kreuzritter, hatte sich etwa 20 Jahre zuvor in Beatrix verliebt. Die junge, schöne Frau mit reichem Erbe war eigentlich dem jüngeren Bruder des Jerusalemer Königs zugesagt. Doch Otto löste sie aus dem Heiratsversprechen, ehelichte sie und siedelte sich in Palästina an. In einem Lied spricht er die Problematik zwischen Kreuzzug und Liebe an: »Wenn er schon sagt, ich sei sein Himmelreich, dann habe ich ihn zum Gott erwählt, damit er sich niemals einen Schritt von mir entferne«, erklärt eine Frau darin. Beatrix und ihr Gatte hatten häufige Trennungen zu verkraften.

Seit Jahren schon hatte Otto die Burg Botenlauben bei Kissingen zu einer wohnlichen Behausung ausbauen lassen. Dem einflussreichen Kloster in Fulda gefiel es allerdings nicht, dass er seinen Herrschaftsschwerpunkt nach Franken verlegte. Nach Auseinandersetzungen wurde der Graf exkommuniziert. Otto ließ sich davon nicht abschrecken, zumal seine Anwesenheit in Deutschland dringend erforderlich war. Einer der Henneberger musste sich um den Familienbesitz kümmern. 1220 war es so weit. Am 30. Mai waren die Besitzungen seiner Frau im Heiligen Land an den Deutschen Orden verkauft worden. Nun zog das Paar mit seinem Sohn nach Franken.

Wenn Beatrix aus den Gemäuern der Burg Botenlauben trat, stieg ihr ein herber Geruch nach Wald und Wiese in die Nase, der kaum Ähnlichkeit mit dem lieblichen Duft ihrer Heimat hatte. Die Burg war nicht mit ihrem Stadtpalais in Akkon zu vergleichen. Die Fenster wurden in der kälteren Jahreszeit mit gegerbten Tierhäuten verschlossen, weshalb die Räume finster waren. Offene Feuerstellen oder Kamine sorgten für Wärme, weswegen die Luft von Ruß und Rauch geschwängert war. Die Burganlage umfasste einen Hof, einen Turm mit Kapelle und den Palast, der als Wohngebäude für Otto, Beatrix und den zwischen 1198 und 1205 geborenen Sohn Otto diente. Neben der gräflichen Familie waren auf der Burg ein Kaplan, der sich um das geistliche Wohl der Bewohner kümmerte, und einige Familien von Ministerialen (halbfreie Dienstleute) zu Hause. Die Bauern der Umgebung versorgten die Herrschaft mit Lebensmitteln. Zunächst lebte die Familie, wie es für Adlige üblich war: Turniere und Feste, Vorträge von Dichtern und Musik lenkten von den herrschaftlichen Verpflichtungen ab.

Weiter nordöstlich, in Eisenach, feierte man 1221 eine große Hochzeit mit Tänzen, Turnieren und Banketten. Der Landgraf von Thüringen, Ludwig IV. (1217–1227), heiratete Elisabeth, eine ungarische Prinzessin. In der Georgenkirche wurde das Paar – die Braut war 14 Jahre alt, der Bräutigam 21 – getraut. Es war zugleich eine Heirat aus tiefer Zuneigung. Zeit ihres Lebens sollten sich die beiden wie Bruder und

Schwester fühlen. Wie hatten sie zueinander gefunden? Das Licht der Welt erblickte Elisabeth, die Tochter von Ungarnkönig Andreas II. und seiner ersten Frau Gertrud, im Jahr 1207, wahrscheinlich auf Burg Sárospatak. Elisabeths Mutter stammte aus der Familie von Andechs-Meranien, weitläufig war sie auch mit Otto von Botenlauben verwandt. Von ihr schreibt um 1290 der Biograf Dietrich von Apolda, »sie habe, von männlichem Geist erfüllt, selbst die Staatsgeschäfte geführt«.

Hermann I., der Landgraf von Thüringen, fand, dass die kleine Elisabeth eine gute Partie für seinen gleichnamigen Sohn sei. 1211 machte sich das vierjährige Mädchen, ausgestattet mit einer Wiege aus Silber, Bettzeug aus purpurner Seide sowie 1000 Mark auf eine weite Reise. Nach zwei Monaten erreichten die 13 Wagen mit Elisabeths Amme, Hofdamen und zwei Priestern ihr Ziel: Eisenach. Froh, dass sein Plan so gut begonnen hatte, schloss Hermann die zukünftige Schwiegertochter in seine Arme. Zusammen mit ihrem Verlobten

> **Landgraf Hermann I. war vor allem ein Realpolitiker.**

und dessen Geschwistern wuchs Elisabeth in Eisenach auf. Sie war ein aufgeschlossenes Kind, das kaum unter Heimweh litt. Sie spielte gern, wies aber schon einige ungewöhnliche Verhaltensweisen auf. Sie verschenkte ihr Spielzeug oder unterbrach Tänze mit dem Ausspruch, dass sie die »nächste Runde« Gott opfern wolle. Vielleicht war hier der Einfluss ihrer frommen Schwiegermutter zu spüren.

Anders als oft dargestellt, lag der Hauptwohnsitz der Familie noch nicht auf der Wartburg, die in dieser Zeit vor allem für künstlerische Festivitäten genutzt wurde. Der Landgrafenhof befand sich mitten in der Stadt – um ihn herum pulsierte das rege Markttreiben von Eisenach. Landgraf Hermann I. war vor allem ein Realpolitiker. Während des Thronstreits zwischen Welfen und Staufern wechselte er nicht weniger als viermal die Partei. Sein verarmtes Land Thüringen musste seine prächtige Hofhaltung finanzieren. 1217 starb er in geistiger Umnachtung und im Kirchenbann. Dies war nicht der einzige Verlust, den Elisabeth in ihrer Kindheit zu verkraften hatte. Ihre Mutter wurde auf grausame Weise ermordet und zerstückelt, und auch ihr Verlobter starb. Damit war es fraglich, ob das Mädchen weiter am Hof der Thüringer leben sollte. Doch Ludwig, nach dem Tod von Vater und Bruder der neue Landgraf, hatte sich in sie verliebt – und daher blieb sie.

Für Ludwig war es nicht einfach, dem Land die königlichen Rechte zu sichern und eine sinnvolle Territorialpolitik zu betreiben. Gleich zu Beginn seiner Amtszeit wurde er für zwei Jahre exkommuniziert, weil er mit dem Erzbischof von Mainz eine Fehde begonnen und Dörfer des Gegners niedergebrannt hatte. Ludwigs Politik unterschied sich kaum von der seines Vaters. Kulturell setzte er andere Schwerpunkte. Auf seiner und Elisabeths Burg hatten nicht mehr Minnesänger das Sagen – nun führte man geistliche Spiele auf. Trotz unterschiedlicher Charaktere ergänzte sich das Paar sehr gut. Gott, der für Elisabeth schon früh eine große Rolle spielte, und ihr Lebenspartner waren für sie keine Konkurrenten. Jeden liebte sie auf eigene Weise. Im Gegensatz zu vielen Standesgenossen nahm sich der Landgraf keine Mätressen. Das Angebot, ein hübsches Mädchen an einem anderen Hof für eine Nacht bei sich zu behalten, lehnte er ab, weil er Elisabeth nicht betrügen wollte.

Die Ehe war von Anfang an fruchtbar: 1222 wurde Hermann auf der Creuzburg geboren, 1224 kam Sophie auf der Wartburg zur Welt, und 1227 folgte Gertrud als letztes Kind. Zunächst verhielt sich Elisabeth so, wie es sich für eine Landesmutter gehörte. Sie hatte von ihrer Schwiegermutter, die sich in ein Kloster zurückgezogen hatte, die »Schlüsselgewalt« über die Haushaltung bekommen. Sorgfältig kümmerte sie sich um alle Angelegenheiten, richtete prächtige Feste aus und trat dabei edel gekleidet als Dame des Hauses auf. Ludwig war ständig innerhalb Thüringens unterwegs. Sein Territorium reichte von Meißen im Osten bis Marburg im Westen, von Halberstadt im Norden bis Schmalkalden im Süden.

„ **Der Landgraf bemühte sich um die Erweiterung seines Herrschaftsbereichs.** "

Der Landgraf bemühte sich um die Erweiterung seines Herrschaftsbereichs. 1221 war sein Schwager Markgraf Dietrich von Meißen gestorben, der Ludwig zu Lebzeiten zum Vormund seines Sohnes bestimmt hatte. Ludwig hoffte, Thüringen und die Mark Meißen vereinen zu können. Doch seine Halbschwester Jutta hatte anderes im Sinn.

Hier überschneiden sich die Geschichten der Henneberger und der Familie Ludwigs: Jutta, auch »die Hässliche« genannt, war eine geschickte Taktikerin. Sie heiratete Poppo von Henneberg, den Bruder

Ottos von Botenlauben, und sicherte damit ihr Land vor dem Zugriff Ludwigs. Zornig ließ dieser daraufhin Leipzig, Dresden und andere Orte verwüsten. Schließlich vermittelte Herzog Otto von Meranien zwischen den Geschwistern. Doch so schnell gab Ludwig nicht auf. Als er sich 1226 mit Kaiser Friedrich II. in der Lombardei traf, »zum Spiel mit Vögeln und Hunden«, in Wahrheit zu Verhandlungen über die Bedingungen einer Kreuzzugsteilnahme, übertrug ihm der Kaiser »die Mark Meißen und Lausitz und so viel vom Lande Preußen, wie er erobern und seiner Herrschaft unterwerfen könne, zu Lehen«. Für die Teilnahme am Kreuzzug hatte Landgraf Ludwig zusätzlich eine finanzielle Entschädigung von 5000 Mark ausgehandelt.

Zu Hause unterstützte Ludwig die karitativen Ambitionen seiner Frau. In Gotha richtete er ein Hospital ein und gewährte dem Deutschen Orden in Thüringen ein Privileg. 1225 gründeten die Franziskaner in Eisenach ein Kloster. Nun unterwies ein gewisser Bruder Rodeger die Landgräfin darin, »Keuschheit, Demut und Geduld zu üben, im Gebet zu verharren und Werke der Barmherzigkeit zu vollbringen«. Elisabeth war fasziniert

> **Zu Hause unterstützte Ludwig die karitativen Ambitionen seiner Frau.**

von den Lehren des Franz von Assisi (1181/82–1226). Vielleicht hatte dieser sogar von der frommen Landgräfin gehört, denn es ist ein tunikaähnliches Gewand erhalten, das Elisabeth von ihm bekommen haben soll.

Einen entscheidenden Einschnitt im Leben der Landgräfin gab es, als im Frühjahr 1226 Konrad von Marburg am Eisenacher Hof auftauchte und zu Elisabeths Beichtvater wurde. Er unterhielt enge Beziehungen zu Prämonstratensern, Zisterziensern und Franziskanern, gehörte aber wahrscheinlich keinem der Orden an. »Leicht hätte ich einem der reich begüterten Bischöfe oder Äbte Gehorsam leisten können, doch ich dachte, besser daran zu tun, dieses Gelübde dem Magister Konrad abzulegen, der nichts besitzt und selbst bettelarm ist«, schreibt Elisabeth. Sie gelobte ihrem neuen Beichtvater Gehorsam – soweit es die Rechte des Landgrafen zuließen – und Keuschheit für den Fall, dass Ludwig sterben sollte. Konrad wiederum hatte nun die Pflicht, Elisabeth Aufgaben und Bußen aufzuerlegen, und er schöpfte seine Möglichkeiten voll aus. Die junge Frau versuchte, Not zu lindern, wo sie nur konnte. Sie nutzte ihre Befugnisse so weit, dass sie 1226 während des Italienaufenthaltes ihres Mannes, als eine Hungersnot im Land herrschte, Getreide aus ihren Kornkammern verteilen ließ. Im selben Jahr richtete sie unterhalb der Wartburg ein Hospital ein. Sie wusch Wunden aus, pflegte Kranke und ertrug, obwohl sie als sehr empfindsam beschrieben wurde, den üblen Gestank klaglos.

Dem fanatischen Konrad genügte all das nicht. Er befahl Elisabeth, nur solche Güter zu nutzen, die sicher nicht aus unrechtem Erwerb oder Ausbeutung der Armen stammten – ein schwer einzuhaltendes Gebot. Wer wusste schon genau, welche Speisen woher kamen? Nachtwachen, Geißelungen, Kniebeugen und nächtliche Gebete wurden die Regel. Die Landgräfin spann Schafwolle, was für Adlige eine unübliche Tätigkeit war. Sie nähte eigenhändig Taufkleider und Totenhemden, wusch und bekleidete Verstorbene und tröstete Frauen bei Geburten.

> **Besagter Ring zersprang in Stücke.**

Seit dem Treffen mit Friedrich II. stand fest, dass Ludwig am Kreuzzug teilnehmen würde. Als seine gerade zum dritten Mal schwangere Frau das Stoffkreuz in der Tasche ihres Mannes fand, sank sie ohnmächtig zu Boden. Ludwig plante seinen Aufbruch umsichtig. Sein Bruder Heinrich Raspe sollte stellvertretend für den unmündigen Sohn die Regentschaft übernehmen. Konrad von Marburg erhielt das Patronatsrecht über alle Pfarreien. Am 24. Juni brach Ludwig, begleitet von Elisabeth, nach Schmalkalden auf, um sich mit den übrigen Teilnehmern aus Thüringen zu treffen. Darunter waren viele Adlige, aber auch landgräfliche Hofbeamte, Ministerialen, Kapläne, Priester, Ärzte und Schreiber. Auch Berthold war dabei, der Verfasser der Gesta Ludowici, von dem wir das meiste über das Leben Ludwigs IV. wissen. Nach einer Legende gab Ludwig Elisabeth kurz vor dem endgültigen Abschied einen Ring und erklärte, was immer ihr im Namen des Ringes überbracht würde, sei wahr.

Die Kreuzfahrer zogen durch Süddeutschland, über die Alpen nach Italien und trafen am 3. August 1227 auf Friedrich II. und sein Heer. Es war extrem heiß und feucht, die Lebensmittel waren zu knapp kalkuliert. Eine Seuche brach aus, an der auch der Kaiser und Ludwig erkrankten. Am 11. September starb Ludwig in Otranto. Der Leichnam des Landgrafen wurde in Wachstücher eingeschlagen und provisorisch vergraben. Die Schwiegermutter Sophie überbrachte Elisabeth die Nachricht vom Tod ihres Mannes – und besagter Ring zersprang in Stücke. Rasend irrte Elisabeth durch die Räume der Burg: »Tot? Erstorben ist mir die Welt und all ihr Glanz«, weinte sie.

Bei den Botenlaubens gab es bessere Neuigkeiten. 1225 heiratete Otto der Jüngere Adelheid von Hiltenburg. Als erbberechtigte Tochter brachte sie die Besitzungen Lichtenberg und Hiltenburg mit in die Ehe. Kurze Zeit später wurde ein Stammhalter geboren: Albert. Der Einfluss der Henneberger in Franken hatte sich noch einmal vergrößert.

Nach Ludwigs Tod zog sein Bruder Heinrich Raspe widerrechtlich Elisabeths Witwengüter ein. Der jungen Frau sollte nur noch »Unterhalt an der landgräflichen Tafel« gewährt werden. An einem kalten Winterabend verließ sie die Wartburg. Die Kinder wurden ihr nachgeschickt, vielleicht in der Hoffnung, dass sie dadurch »zur Vernunft« kommen und zurückkehren würde. Den Winter verbrachte sie in größter Armut. Verzweifelt sprach sie mit den Wänden ihres Notquartiers: »Den Menschen würde ich gerne danken, aber ich weiß nicht wofür.« Ihre Kinder gab sie zu Familienangehörigen.

Elisabeth selbst blieb in Eisenach. In der Fastenzeit 1228 hatte sie nach einem Schwächeanfall eine Vision und sah »ihn, meinen lieben Herrn Jesus, wie er sich mir zuneigte und Trost spendete in den verschiedenen Ängsten und Betrübnissen, die mich bedrückten. Und solange ich ihn sah, war ich froh und lachte; wenn er aber sein Antlitz abwandte, als ob er weggehen wolle, weinte ich. Dann erbarmte er sich meiner, blickte mich überaus milde an und sprach: ›Wenn du bei mir sein willst, will ich bei dir sein.‹ Ich gab ihm Antwort.« An Ostern legte sie ein weiteres, einschneidendes Gelübde vor Konrad ab. Als Nachahmerin Christi verzichtete sie, wie Dietrich von Apolda schreibt, »auf ihren eigenen Willen, ihre Eltern, Kinder und Verwandten

> **Elisabeth wollte nicht heiraten.**

und alle Herrlichkeit der Welt«. Konrad übernahm, eingesetzt vom Papst, die Verantwortung für Elisabeths finanzielle Angelegenheiten.

Gleichzeitig bemühte sich die mütterliche Familie um die Landgräfin. Ihre Tante Mechthild, die Äbtissin in Kitzingen war, schickte die Nichte zu ihrem Bruder, dem Bamberger Bischof Ekbert. Dieser hielt Elisabeth auf Burg Pottenstein fest und wollte sie wieder verheiraten. Sogar Kaiser Friedrich II., dessen Frau gerade gestorben war, stand als Ehemann zur Debatte. Doch Elisabeth wollte nicht heiraten. Eher wollte sie sich die Nase abschneiden – so verstümmelt würde kein Kaiser sie nehmen. Die Verwandten sahen ein, dass jede Bemühung zwecklos war. Anfang Mai fand das Begräbnis der Gebeine ihres Gatten Ludwig in Reinhardsbrunn statt, danach löste Konrad die Erbschaftsprobleme: Elisabeth erhielt eine Abfindung von 2000 Mark sowie Ländereien bei Marburg. Hier gründete sie 1228 ihr Lebenswerk: ein dem gerade heiliggesprochenen Franz von Assisi geweihtes Hospital.

Die Landgräfin nahm aus Konrads Händen das graue Gewand und wurde zur Hospitalschwester. Elisabeth, die junge, zarte Frau, die auch noch lächelte, wenn sie weinte, widmete sich zäh der Versorgung von Schwerkranken und verteilte großzügig Almosen. An einem einzigen Tag soll sie ein Viertel ihres Erbes den Armen gegeben haben. »Seht, ich habe es doch gesagt, wir sollen die Menschen froh machen«, kommentierte sie. Mit ihrer Familie hatte sie kaum noch Kontakt.

Und nun, ohne erkennbaren Grund, wendete sich das Blatt auch bei den Botenlaubens. Der Sohn von Otto und Beatrix, Otto II., und seine Frau Adelheid lösten ihre Ehe auf und trennten sich von ihrem Besitz. Sie verkauften Hiltenburg und Lichtenburg an das Hochstift Würzburg. Adelheid trat in das Dominikanerinnenkloster Sankt Markus in Würzburg ein, während sich Otto II. dem Deutschen Orden anschloss, den er mit einer Stiftung bedachte. Damit errichtete der Orden in Würzburg eine Kommende, also eine Niederlassung. Der Sohn Albert wurde zunächst Domkanoniker. Dafür übergab seine Mutter dem Domkapitel einige Güter und begründete jährliche Gedenkgottesdienste für ihre Familie und sich selbst. Die Nutzung der Güter behielt sie sich auf Lebenszeit vor.

> **Sofort nach Elisabeths Tod rissen sich die Menschen um ihre Reliquien.**

Konrad von Marburg war mittlerweile zum päpstlichen Inquisitor ernannt worden. Seine Devise hieß: Besser ist es, hundert Unschuldige zu liquidieren, als einen Schuldigen entkommen zu lassen. Mit der ehemaligen Landgräfin verfuhr er ebenso gnadenlos und ließ sie oft hart mit der Rute züchtigen. Elisabeth hatte Angst vor Konrad. Doch sie schien diese Angst auch zu suchen. »Wenn ich schon den Menschen Konrad so fürchte, wie viel mehr muss ich dann Gott als den Herrn und Richter aller fürchten!«, sagte sie. Letztlich hielt sie die harte Arbeit im Hospital nicht lange durch. Im Spätherbst des Jahres 1231 erkrankte sie schwer, und in der Morgendämmerung des 17. November starb sie im Alter von nur 24 Jahren. Sofort nach ihrem Tod rissen sich die Menschen um ihre Reliquien. Der Aufgebahrten wurden Fetzen des Gewandes, aber auch Haare, ein Finger und andere Stücke des Leichnams abgeschnitten. Und schon einen Tag nach der Beisetzung in der Kapelle des Hospitals ereigneten sich erste Wunderheilungen.

Nachdem die Nachfahren von Otto und Beatrix sich für ein Leben im Dienste der Religion entschieden hatten, waren Erben bei den Botenlaubens nicht mehr in Sicht. 1231 entschloss sich das alternde Grafenpaar dazu, ein Zisterzienserinnenkloster in Burkardroth zu stiften.

> **Dem Ketzerjäger weinte man keine Träne nach.**

Dazu die Legende: »Ein Windstoß erfasste einen wertvollen Schleier von Beatrix auf der Burg Botenlauben. Sie gelobte, an der Stelle, wo er gefunden würde, ein Kloster zu gründen – und das war Burkardroth. Drei Jahre später verkauften sie die Herrschaft Botenlauben für 1200 Silbermark an den Bischof von Würzburg, behielten sich allerdings noch das Wohnrecht in der Burg vor.«

Gleich nach dem Tod Elisabeths überrollte eine Welle von Pilgern die Stadt Marburg, und die Wunderberichte häuften sich – zum Beispiel der vom Rosenwunder: Ludwig, aufgehetzt von seiner Umgebung, trat seiner Frau, als sie gerade mit einem brotgefüllten Korb zu den Armen gehen wollte, entgegen. Er fragte sie: »Was trägst du da?« und deckte den Korb auf. Er fand darin nichts als Rosen.

Konrad von Marburg leitete 1232 beim Papst ein Verfahren zur Heiligsprechung ein, denn Elisabeth sollte »als Waffe« im Kampf gegen die Ketzer dienen. Doch den Erfolg seiner Bemühungen erlebte er nicht mehr. Als er sich in seinem inquisitorischen Fanatismus auch gegen den Adel wandte, verlangte Heinrich von Sayn, dass der gegen ihn gerichtete Ketzerprozess vor ein königliches Gericht verlegt würde. Dies geschah, und Konrad unterlag. Daraufhin begann er, zum Kreuzzug gegen diejenigen zu predigen, die sich seinem Verfahren nicht unterwerfen wollten. 1233 wurde er von Anhängern des Grafen von Sayn erschlagen. Dem Ketzerjäger weinte man keine Träne nach.

»Also ward nach Gottes Ratschlag Deutschland von diesem unerhörten und grausamen Richter befreit« – so kommentieren die Wormser Annalen seinen Tod.

Auf Betreiben des Schwagers von Elisabeth, der ebenfalls Konrad hieß und mittlerweile ein Mitglied des Deutschen Ordens war, wurde Elisabeth bereits im Mai 1235 von Papst Gregor IX. heiliggesprochen. Im selben Jahr erbaute der Deutsche Orden die gotische Elisabethkirche in Marburg; ihm wurde auch das Hospital übereignet. So stieg die Stadt für einige Jahre zum Zentrum des Deutschen Ordens auf, dessen Hauptaktivitäten sich in dieser Zeit weg vom Heiligen Land nach Osteuropa verlagerten. Am 1. Mai 1236 fand die Translationsfeier statt, bei der man Elisabeths Gebeine in ihr neues Grab umbettete. Eine riesige Menschenmenge hatte sich in Marburg versammelt, darunter Kaiser Friedrich II. Barfuß und in grauem Gewand legte er eine Krone auf dem Kopf der Heiligen nieder. Dadurch wurde Elisabeth zu einer »Königsheiligen«.

> **Elisabeth wurde im Mai 1235 von Papst Gregor IX. heiliggesprochen.**

Otto und Beatrix von Botenlauben verzichteten 1242 auf das Wohnrecht auf Burg Botenlauben und verbrachten ihre letzten Jahre vermutlich in Würzburg. Anfang Oktober 1244 starb Otto. Sein Grab befindet sich im Kloster Frauenroth, wo auch Beatrix beigesetzt wurde. Ihr Sohn starb als Deutschordensbruder. Enkel Albert, der mittlerweile ebenfalls dem Deutschen Orden beigetreten war, starb nach 1251. Er war der letzte Spross der Botenlaubens – mit ihm erlosch dieser Zweig der Henneberger.

Nicht viel besser ging es den Nachkommen Elisabeths. Nach dem Tod von Ludwig IV. übernahm der kinderlose Heinrich Raspe die Herrschaft. Da Ludwigs Sohn nicht lange lebte, blieb Heinrich Raspe an der Macht und wurde kurzzeitig sogar deutscher Gegenkönig. Mit ihm starb 1247 der männliche Zweig von Elisabeths Familie aus. Deren zweite Tochter Sophie war verheiratet und hatte mehrere Kinder. Elisabeths jüngste Tochter Gertrud wurde Äbtissin im Prämonstratenserkloster Altenberg bei Wetzlar. Rund 50 Jahre stand sie dem Ordenskonvent vor. Auch sie kümmerte sich zeitlebens um Bedürftige.

Das Ende der Staufer

Das Schicksal Europas nach Friedrich I. Barbarossa

Von P. J. Blumenthal

Barbarossa war fast siebzig Jahre alt, als er am 11. Mai 1189 von Regensburg aus mit seinem Heer in Richtung Osten zog, um gegen die Sarazenen zu kämpfen. Aus dem berühmten Rotbart war ein Weißbart geworden. Als Kaiser des Heiligen Römischen Reiches Deutscher Nation fühlte er sich in die Pflicht genommen, mit den Rittern Englands und Frankreichs an diesem Kreuzzug teilzunehmen. Dennoch ist er sicherlich nicht nur aus Pflichtgefühl mitgezogen. Des Kaisers Vorbild war Karl der Große, der Heidenbezwinger. Und auch Barbarossa wollte in die Geschichte als Heidenbezwinger eingehen.

Ein ganzes Jahr dauerte es, bis das Heer unter großen Strapazen und Entbehrungen nach Ostanatolien vorgedrungen war; doch dann passierte das Unglück. Es war ein sommerlich warmer Sonntag, am 10. Juni 1190. Der Kaiser hatte soeben ein üppiges Mittagsmahl eingenommen und suchte etwas Abkühlung. Er stieg auf sein Pferd und ritt in Richtung des Flusses Saleph (heute Göksu). Von da ab gehen die Aussagen auseinander. Entweder rutschte er aus, als er zum Wasser abstieg, und ertrank, oder er erlag einem Herzinfarkt bzw. Schlaganfall. Es dauerte jedenfalls Stunden, bis man einige Kilometer stromabwärts die Leiche des einst so mächtigen Mannes entdeckte.

Nach damaliger Sitte versuchte man, den Toten in einer Essigtonne zu konservieren, um den Kaiser in Jerusalem mit allen Ehren beerdigen zu können. Die kleinasiatische Sommerhitze machte diesen Plan aber zunichte. Die verwesende Kaiserleiche landete im Kochtopf – damals keine grausige Vorstellung. Herz und Eingeweide begrub man in Tarsus, die restlichen Weichteile in Antiochia, die Knochen in Tyrus oder in Akkon.

Doch für das Fortbestehen der Staufermacht hatte Barbarossa schon in weiser Voraussicht gesorgt. Bereits 1188 hatte Papst Klemens III. dem Kaiser versprochen, Heinrich VI., den Sohn des Staufers, zu dessen Nachfolger zu erklären. Die Entscheidung fiel dem Kirchenoberhaupt allerdings aus machtpolitischen Gründen nicht leicht. Heinrich war bereits rechtmäßiger König der Deutschen, seine Frau Konstanze war Erbin der sizilianischen Krone. (Damals umfasste Sizilien den ganzen unteren Teil des italienischen Stiefels südlich des Kirchenstaats.) Der Papst befürchtete – nicht ohne Grund – eine eventuelle Fusion Deutschlands und Siziliens. Das hätte bedeutet, dass sein Herrschaftsgebiet (Rom und Umgebung) vom Staufergebiet eingekesselt und jederzeit erpressbar gewesen wäre.

Im November 1189 wurde aus dieser Furcht Wirklichkeit. Wilhelm II., König von Sizilien und Neffe Konstanzes, starb unerwartet und kinderlos. Heinrich VI. wurde als Ehemann der Erbin tatsächlich König von Sizilien, einem Land, das er noch nie betreten hatte. Zwar erklärten sich die Fürsten des apulischen Festlandes für den neuen Herrscher, doch die Bewohner der Insel Sizilien erhoben Graf Tankred von Lecce zum König, einen Halbbruder Wilhelms II. Dem Papst kam das gerade recht und er ließ im Januar 1190 den Usurpator durch den Erzbischof von Palermo krönen.

Heinrich VI. wurde König von Sizilien.

Der ambitionierte Heinrich ließ sich aber nicht so schnell abweisen. Er sammelte in Deutschland ein Heer, um sogleich gegen Sizilien zu marschieren. Dann kam aber die Nachricht vom Tod Barbarossas. Heinrich hatte nun andere Probleme als die sizilianische Erbfolge. Ein Aufstand der Fürsten in Deutschland machte ihm zu schaffen. Und: Der verbannte Heinrich der Löwe kehrte aus dem englischen Exil zurück, um die chaotischen Verhältnisse zu seinen Gunsten zu nutzen.

Der willensstarke Heinrich VI. söhnte sich mit dem Welfen aus und machte sich mit Frau Konstanze 1191 auf die Reise nach Rom, um sich dort vom neuen Papst, dem greisen Coelestin III., dem Nachfolger von Klemens III., zum Kaiser krönen zu lassen. Nach den Feierlichkeiten zog der Kaiser weiter nach Sizilien, um seine Erbschaft von Tankred zurückzuerobern. Der Versuch wurde zur Katastrophe. Bei der Belagerung Neapels brach eine Seuche aus, die seine Truppen heimsuchte. Auch Heinrich erkrankte. Bei dieser günstigen Gelegenheit schaffte es Tankred, Konstanze in seine Gewalt zu bringen, die jedoch bald darauf freigelassen wurde und zu ihrem Gatten zurückkehrte.

Unter diesen Umständen musste sich der Kaiser nach Deutschland zurückziehen. Jetzt aber wendete sich durch Zufall das Blatt zu seinen Gunsten. Der englische König Richard Löwenherz befand sich auf dem Heimweg vom soeben gescheiterten Kreuzzug (bei dem Barbarossa gestorben war). In Österreich wurde er von Herzog Leopold festgehalten, der mit Richard wegen eines Vorfalls bei dem besagten Kreuzzug verfeindet war. Als Heinrich dies erfuhr, überredete er den Österreicher, den Engländer gegen einen Teil des Lösegelds an ihn zu übergeben. Dies forderte der Kaiser nun von England ein – in Höhe von 150.000 Silbermark. Zusätzlich musste Richard sein Königreich von Heinrich zu Lehen nehmen und jährlichen Tribut entrichten. Ein Drittel des Lösegelds erhielt Leopold, mit dem Rest bereitete der Kaiser einen zweiten Italienzug – gegen Sizilien – vor.

Wieder geschah das Unerwartete: Im Februar 1194 starb plötzlich Tankred. Heinrich marschierte ohne nennenswerten Widerstand in Sizilien ein und ließ sich zu Weihnachten im Dom von Palermo zum König Siziliens krönen. Dann machte er kurzen Prozess mit seinen Feinden – sie wurden verbrannt, ertränkt, lebendig begraben, geblendet.

> **Im Februar 1194 starb plötzlich Tankred.**

Schließlich setzte er seine Gemahlin Konstanze als Regentin ein, und deutsche Adlige verwalteten nicht sonderlich erfolgreich Sizilien und die nördlicheren italienischen Fürstentümer.

Damit war Heinrichs Ehrgeiz aber noch nicht befriedigt. Er träumte davon, die Oberhoheit des »Imperiums« gegenüber anderen Staaten durchzusetzen. Die Vision war nicht einmal unrealistisch. Immerhin war sein Bruder Philipp Herzog der Toskana und mit der Tochter des byzantinischen Kaisers verheiratet. Er selbst war König Deutschlands und Siziliens, Lehnsherr über Armenien und, dank Richard Löwenherz, auch Lehnsherr von England. Nun wollte er das Heilige Land (und vielleicht das Oströmische Reich) erobern. 1197 organisierte er mit dem Segen des Papstes einen neuen Kreuzzug.

Und zum dritten Male geschah das Unerwartete: Als er im September 1197 alle Vorbereitungen getroffen hatte, starb der Kaiser, kaum 32 Jahre alt, in Messina an Malaria, mit der er sich 1191 infiziert hatte. Für einen Thronfolger hatte aber auch er gesorgt. Am 26. Dezember 1194 hatte ihm seine Frau Konstanze in Jesi (Mark Ancona) einen Erben, Friedrich II., geboren.

Bereits im Februar 1196 erhielt der Einjährige, der mit seiner Mutter in Apulien lebte, auf dem Mainzer Hoftag den Titel »König der Deutschen«. Bei dieser Gelegenheit hatte sein Vater Heinrich VI. versucht, die Königswürde mithilfe der Fürsten in Deutschland in einen erblichen Titel – wie in England und Frankreich – umzuwandeln. Die deutschen Kurfürsten, um ihre Freiheit fürchtend, winkten ab, nahmen aber dennoch Friedrich als ihren König an.

Ein Jahr nach dem Tod des Vaters starb auch Friedrichs Mutter. Doch auch sie kümmerte sich rechtzeitig um das Wohlergehen ihres Kindes. Einige Monate vor ihrem Tod ließ sie Friedrich zum König Siziliens erklären. Und damit er nicht schutzlos seinen Neidern ausgeliefert war, machte sie im Falle ihres Todes den neuen Papst, Innozenz III., zu seinem Vormund. Nicht einmal vier Jahre alt, ein Waisenknabe, war er bereits rechtmäßiger Herrscher über Deutschland und Sizilien.

Der Papst ließ den Knaben in bescheidenen Verhältnissen heranwachsen. Als Regent in Sizilien schickte Innozenz III. Stellvertreter, die das Land verwalteten. Leider regierten diese ebenso inkompetent wie die Deutschen des verstorbenen Heinrich. Sizilien versank zusehends im Chaos. Auch in Deutschland war die Lage nach dem Tod Heinrichs kritisch geworden. Wieder herrschte Bürgerkrieg. Staufer und Welfen wetteiferten schon wieder um die Königswürde. 1198 erklärte sich Philipp von Schwaben, der 20-jährige Bruder des verstorbenen Kaisers, zum deutschen König. Zugleich beanspruchte Otto IV., der gleichaltrige Sohn Heinrichs des Löwen, den Thron.

> **Sizilien versank zusehends im Chaos.**

Der Papst schlug sich in seinem Versuch, die Macht der Kirche zu bewahren, mal auf die eine, mal auf die andere Seite. Zehn Jahre herrschte Bürgerkrieg in den deutschen Ländern. Am Ende sah alles nach einer Niederlage Ottos IV. aus. Doch wieder spielte das Schicksal mit. Im Juni 1208 wurde Philipp in Bamberg ermordet. Der Täter – der bayerische Pfalzgraf Otto von Wittelsbach – hatte sich gerächt, weil Philipp ein Heiratsversprechen gebrochen hatte.

Im Oktober 1209 krönte Innozenz III. den Welfen Otto IV. zum neuen Kaiser. Otto, den ein zeitgenössischer Chronist als »hochmütig und dumm, aber stark« beschrieb, entschloss sich, trotz gegenteiliger

Beteuerungen gegenüber dem Papst, Sizilien einzunehmen. So hoffte er, Friedrich, den letzten Konkurrenten und rechtmäßigen Staufer-Erben, endgültig auszuschalten. Dass er dafür vom Papst mit dem Bann belegt wurde, störte ihn nicht.

Friedrich war mittlerweile 14 Jahre alt und nach damaligem Recht volljährig. Sein Vormund Innozenz hatte ihn mit der 25-jährigen Witwe Konstanze von Aragon verheiratet. Die Tochter eines päpstlichen Lehnsmannes lernte ihren sanftmütigen, rotblonden Ehemann schnell lieben und gebar ihm 1211 einen Sohn, Heinrich. Auch unter den Sizilianern genoss der junge, charismatische König immer größere Beliebtheit. Nun wechselte der Papst wieder einmal das Lager. Er ließ Kaiser Otto IV. fallen und sprach seinem ehemaligen Mündel die Unterstützung zu. Nur eines wollte Innozenz nicht: dass Friedrich, wie sein Vater vor ihm, gleichzeitig über Deutschland und Sizilien herrschte. Otto IV. hatte kaum noch Hoffnung, Sizilien einzunehmen, und kehrte nach Norden zurück.

> **Im Dezember 1212 wurde Friedrich in Mainz von den deutschen Fürsten zum König gekrönt.**

Mit 17 Jahren marschierte Friedrich mit dem Segen des Papstes nach Deutschland, um den Welfen zu vertreiben. Vielerorts wurde der junge Staufer freudig empfangen, doch nicht überall. Als er im September 1212 Konstanz erreichte, hatte man ihn zunächst für einen Usurpator gehalten und verwehrte ihm den Zutritt zur Stadt. Dort wartete man auf den Kaiser, für den bereits ein Festmahl vorbereitet war. Otto marschierte gerade in Richtung Konstanz, um Friedrich daran zu hindern, in Deutschland einzuziehen.

Doch Friedrich konnte mithilfe des päpstlichen Legaten Berard von Castacca die Stadtväter davon überzeugen, dass der Papst nunmehr Friedrich unterstütze und Otto mit dem Kirchenbann belegt hatte. Jetzt öffnete man dem Staufer die Tore und servierte ihm sogar die Festmahlzeit, die für Otto gedacht war. Als der Welfe die Stadt endlich erreichte, war es zu spät. Die Tore blieben ihm verschlossen, und er zog unverrichteter Dinge ab.

Im Dezember 1212 wurde Friedrich – nach erneuter Wahl in Frankfurt – in Mainz von den deutschen Fürsten zum König gekrönt. Am 23. Juli 1215 wurde dieser feierliche Akt wiederholt: in Aachen, auf dem »Karlsthron«, womit die Krönung ihre Gültigkeit erhielt. Wie sein Vater war nun auch er König Deutschlands und Siziliens geworden. Der Papst betrachtete diese Entwicklung mit Misstrauen.

Nun fehlte Friedrich nur noch die Kaiserwürde, die der Papst aber aus den bekannten Gründen noch nicht verleihen wollte. Friedrich kam der Kurie entgegen, indem er eroberte Gebiete Mittelitaliens dem Papst überließ: Nun erstreckte sich der Kirchenstaat von Küste zu Küste, und Sizilien war vom Norden getrennt. Außerdem verzichtete er auf die Mitwirkung bei Bischofs- und Abtswahlen sowie auf die königlichen Rechte in den geistlichen Fürstentümern und das Spolienrecht (Anspruch auf den Nachlass von Geistlichen). Schließlich erhob Friedrich seinen minderjährigen Sohn Heinrich zum König Siziliens. Allerdings sollte Friedrich in seiner Heimat regieren, bis sein Sohn volljährig wurde.

Nach diesen Zugeständnissen wäre der Papst bereit gewesen, Friedrich zum Kaiser zu krönen. Es kam aber anders. Innozenz III. starb am 16. Juli 1216, gerade 56 Jahre alt. Mit seinem Nachfolger Honorius III. ging das Spiel wieder von vorne los. Als Friedrich 1220 seinen Sohn mit Frau Konstanze nach Deutschland schickte, damit die Fürsten Heinrich zum deutschen König wählen sollten, witterte Honorius einen Trick: Durch diese Königswahl wurde Heinrich de jure zum Herrscher über Sizilien und Deutschland. Die Weichen für neue Spannungen waren somit gestellt. Doch Honorius stellte seine Befürchtungen zurück: Friedrich hatte bereits 1215 in Aachen versprochen, bei einem neuen Kreuzzug das Heilige Land zu befreien. Tatsächlich waren seit 1217 Heere von Kreuzfahrern aufgebrochen, um die Muslime in Ägypten anzugreifen. Um Friedrichs Unterstützung zu gewinnen, erklärte sich Honorius bereit, diesen zum Kaiser zu krönen.

> **Friedrich erhielt in Rom die Kaiserkrone.**

Am 22. November 1220 war es so weit. Friedrich erhielt in Rom die Kaiserkrone, erneuerte das Kreuzzugsversprechen und erließ am Krönungstag Gesetze, die den päpstlichen Wünschen entgegenkamen: unter anderem ein Zusammenwirken beider Mächte bei der Ketzerbekämpfung und die Verbindung von Reichsacht und Kirchenbann. Doch mit dem Kreuzzug ließ sich Friedrich Zeit. Er kehrte nach Sizilien zurück, um dort die chaotischen Verhältnisse zu ordnen. Süditalien war ein Vielvölkerstaat, in dem Italiener, Griechen, Araber, Juden und Normannen zusammenlebten. Friedrich, der Italienisch, Französisch, Provenzalisch, Lateinisch, Griechisch und Arabisch, aber kaum Deutsch sprach, entpuppte sich bald als Organisationstalent. Er schuf einen gut funktionierenden, zentral verwalteten Beamtenstaat.

Manche Historiker erkennen im Großsizilien Friedrichs II. den ersten modernen Staat. Es gab Gesetze gegen Umweltverschmutzung, Bestimmungen für die Zulassung von Ärzten, ein Ladenschlussgesetz, Arbeitnehmergesetze, religiöse Toleranz und zahllose Zivil- und Strafgesetze. Für die Ausbildung seiner Beamten gründete Friedrich in Neapel 1224 eine Universität, die in Sizilien die Wissenschaft zur Blüte kommen ließ. Er selbst schrieb das Buch ›De arte venandi cum avibus‹ (Über die Jagdtechniken mit Vögeln), das bis ins 19. Jahrhundert als Handbuch benutzt wurde. Nur eines vernachlässigte er: sein Versprechen, das Heilige Land zurückzuerobern. Zudem war der oben genannte Kreuzzug 1221 vor Kairo kläglich gescheitert.

Der Papst gab dem Kaiser die Schuld für die Niederlage und drohte mit dem Bann. 1227 sammelte Friedrich in Brindisi

> **Der gebannte Kaiser wurde vom Papst als Ketzer bezeichnet.**

ein Heer, um per Schiff nach Palästina zu fahren. Doch nach zwei Tagen musste man umkehren – Friedrich war erkrankt. Papst Gregor IX. (der Nachfolger von Honorius) ließ diesen Grund nicht gelten und verhängte den Bann über Friedrich. Dieser reagierte schnell und stach Ende Juni 1228 mit einem großen Heer in See, um drei Monate später bei Akkon vor Anker zu gehen. Gregor IX., ein sturer, etwa 90-jähriger Greis, blieb hart. Er weigerte sich, den Bann zu lösen, und verbot sogar den Kreuzzug. Während der Abwesenheit des Kaisers versuchte er, in Sizilien einzumarschieren, und intrigierte in Deutschland gegen Friedrich. Letztlich interessierte er sich weniger für einen Sieg in Jerusalem als dafür, des Kaisers Macht zu schwächen.

Doch während der Papst in Europa an Friedrichs Stuhl sägte, handelte der charismatische Kaiser im Heiligen Land einen Friedensvertrag mit dem Sultan El-Kamil aus. Die Christen bekamen – und zwar ohne Blutvergießen, was zu jener Zeit ein Novum war –, was sie wollten: die Verwaltung der heiligen Stätten und den uneingeschränkten Zutritt zu ihnen. Der Arabisch sprechende Kaiser, der selbst, wie viele meinten, mehr Orientale als Europäer war, hatte den Sultan durch kluges Verhandeln bezwungen.

In Europa wurde dieser Erfolg durch die Parteigänger Gregors als Niederlage angeprangert. Der gebannte Kaiser wurde vom Papst als Ketzer bezeichnet, der sich im Heiligen Land unsittlich verhalten habe. Indessen ließ Gregor in Italien das Gerücht verbreiten, dass Friedrich im Orient gestorben sei. So versuchte der Papst mit allen Mitteln, die Macht des Kaisers zu schwächen. Doch dieser landete am 10. Juni 1229 wieder in Brindisi.

Die Feindschaft des Papstes bedeutete einen neuen Lebensabschnitt für Friedrich. Denn ab jetzt wurde er immer heftiger vom Kirchenoberhaupt in die Enge getrieben. Zwar war der Kaiser nach zähen Verhandlungen 1230 vom Bann gelöst worden, doch der Konflikt spitzte sich zu. Dessen Ursache ist heute verständlich: Der Papst sah in den Staufern eine direkte Bedrohung der Kirche. Manche Historiker deuten die Auseinandersetzung zwischen Friedrich und Rom etwas anders: als den ersten großen Kampf zwischen dem zu Ende gehenden Mittelalter und der aufkeimenden Neuzeit.

>> **Blinder Hass herrschte in Europa.** <<

Da die Päpste versuchten, die Macht des Kaisers zu untergraben, nahm auch Friedrich kaum noch Rücksicht auf die Belange der Kirche. Blinder Hass herrschte in Europa anstatt politischer Vernunft. Anlass für die Auseinandersetzungen war wieder einmal ein Aufstand der lombardischen Städte (1235), den Gregor skrupellos unterstützte. Im folgenden Jahr brach Friedrich zu einem Feldzug nach Italien auf. Nach anfänglichen Erfolgen scheiterte er aber bei der Belagerung Brescias (1238). Das gab Gregor Aufwind, der den Kaiser schließlich als Kirchenfeind und Friedensbrecher bezeichnete und ihn 1239 erneut bannte.

Als 1241 Gregor starb, hoffte Friedrich, mit dem einige Zeit später gewählten Papst Innozenz IV. in der Lombardenfrage zu einem Ausgleich zu kommen. Man verhandelte in Rom, und Friedrich ließ die Stadt von seinen Truppen umzingeln, um seinen Argumenten Nachdruck zu verleihen. Der Papst entzog sich den Diskussionen durch die Flucht in die burgundische Stadt Lyon, wo ihn Friedrich kaum angreifen konnte.

Hier berief Innozenz 1245 ein Konzil ein, bei dem er durch einen juristisch fragwürdigen Erlass den Kaiser absetzte und zur Neuwahl

aufforderte. Der französische König und die deutschen Fürsten miss-
billigten diese kurzsichtige Maßnahme des Papstes, aber Innozenz IV.
blieb stur. Er versprach sogar all denjenigen, die das Kreuz gegen
Friedrich nähmen, den vollständigen Sündenablass, also den unmit-
telbaren Eingang ins Paradies nach dem Tod. 250 Jahre später pran-
gerte Martin Luther die Ablasspraxis unter anderem mit diesem Beispiel an.

Die Situation des Kaisers wurde immer verzwickter. Der Papst intrigierte auch unter Friedrichs engsten Verbündeten. Er stiftete Atten-
tate an und bemühte sich um die Wahl eines Gegenkönigs. (Romfreundliche rheinische Erzbischöfe wählten 1246 den thüringischen
Landgrafen Heinrich Raspe, nach dessen Tod 1247 den Grafen Wilhelm von Holland zum Gegenkönig.) Doch der Kaiser hatte noch viele Verbündete und lebte weiterhin unbehelligt in Sizilien. Außerdem
war er ständig bestrebt, mit dem Papst Frieden zu schließen. Dieser
blieb aber stur und zettelte immer neue Aufstände an.

1250 schien es, als würde sich das Blatt endlich zugunsten Friedrichs wenden. Friedrichs Sohn Konrad IV., König in Deutschland
(nachdem Friedrich seinen abtrünnigen Sohn Heinrich VII. abgesetzt
hatte), befriedete die aufständischen Gebiete nördlich der Alpen,
während der Kaiser in Italien große Fortschritte gegen seine dortigen
Feinde machte.

Doch alles war vergebens. Am 13. Dezember 1250 starb Friedrich
nach kurzer Krankheit 56-jährig in Apulien. Für den Papst galt er auch
jetzt als Gebannter – der Bann war immerhin seine stärkste Waffe gegen die weltliche Macht. Trotzdem erhielt
der Kaiser von einem ihm treu gebliebe-
nen Geistlichen die Sterbesakramente.

Die Jagd auf die Staufer ging weiter.
Der Zorn von Innozenz IV. kannte keine
Grenzen, und er griff auch zu illegalen Me-

„Die Jagd auf die Staufer ging weiter.“

thoden, um sein Zerstörungswerk zu vollenden. Wieder suchte er
nach einem Gegenkönig, der die deutsche und die sizilianische Krone
aus den Händen der Staufer reißen würde. Es war ihm egal, dass zwei
Söhne des verstorbenen Kaisers regierten: Konrad IV. in Deutschland
und Manfred in Sizilien.

Großes Pech hatte die Dynastie, als 1254 Konrad IV. unerwartet
starb. Da Innozenz IV. im selben Jahr ebenfalls das Zeitliche segnete,

hätte die Fehde eigentlich beendet sein können. Doch dessen Nachfolger, Alexander IV., war nicht weniger als Innozenz IV. von Hass erfüllt und machte sich daran, auch die letzten Staufer zu eliminieren. Konrad IV. hatte einen zweijährigen Sohn, Konradin, hinterlassen, für

> **Jeder erbte und vererbte den Hass auf die Staufer weiter.**

dessen Wahl zum deutschen König sich der Erzbischof von Mainz einsetzte, die aber von der Kurie verboten wurde. In Sizilien regierte Manfred weiter.

Alexander IV. starb 1261, sein Nachfolger Urban IV. lebte nur bis 1264. Jeder erbte und vererbte den Hass auf die Staufer weiter – so auch der nächste Papst, Klemens IV. Er fand in Herzog Karl von Anjou, dem Bruder des französischen Königs Ludwig IX., einen Gegenkönig in Sizilien. Mit dem Segen des Papstes zog der Herzog 1266 gegen Manfred bei Benevent in die Schlacht und besiegte den Sizilianer, der im Kampf fiel. Karl erklärte sich zum König und entpuppte sich bald als grausamer und unfähiger Herrscher.

Nun war der letzte Staufer, der Schwabenherzog Konradin, am Zuge. 1267 überquerte der 15-Jährige mit einem bunt zusammengewürfelten Heer die Alpen, um Sizilien zurückzugewinnen. Er verfügte über dasselbe Charisma wie sein Großvater Friedrich II. und sein Ururgroßvater Barbarossa. Doch er hatte ebenfalls einen unerbittlichen Papst – Klemens IV. – als Gegner.

Bei Tagliacozzo in Zentralitalien traf Konradin auf das Heer Karls von Anjou, wurde vernichtend geschlagen, gefangen genommen und am 29. Oktober 1268 in Neapel mit zwölf Verbündeten durch das Beil hingerichtet. Das Geschlecht der Staufer, das einst mit Barbarossa ganz Europa beherrscht und die Geschicke des Abendlandes gelenkt hatte, ging jetzt unwiderruflich seinem Ende entgegen.

Die letzten Tage von Konstantinopel

Kriege mit Kreuzrittern, Seldschuken und Osmanen

Von Leo Sillner

Die Weltgeschichte mutet oft widersinnig an. So waren zum Beispiel ausgerechnet die von der abendländischen Kirche organisierten Kreuzzüge mitverantwortlich für den Untergang des mächtigsten christlichen Bollwerks gegen die muslimischen Eroberer. Im Grunde hätte doch ein Bündnis zwischen Byzanz und den christlichen Staaten des Westens nahegelegen: Byzanz wäre so auf dem Weg ins Heilige Land ein bedeutender Stützpunkt gewesen – hätte es doch wichtige Verbündete gehabt gegen die Feinde, gegen die sich auch die Kreuzfahrten richteten. Doch gegenseitiges Misstrauen ließ eine solche Übereinstimmung nicht zu.

Ostrom, wie sich Byzanz selbst nannte, sah in den Kreuzzügen auch keineswegs eine religiöse Pflicht, sondern interpretierte sie ganz einfach als Eroberungszüge. Dazu verweigerte es seine Teilnahme, und das förderte wiederum eine feindselige Meinung des Westens. Die über Jahrhunderte fortschreitende Entfremdung zwischen Ost- und Westkirche tat ein Übriges; sie gipfelte in der Kirchenspaltung des Jahres 1054, als sich Papst Leo IX. und der Patriarch von Konstantinopel, Michael Kerullarios, gegenseitig exkommunizierten. Zudem waren drei spätere Feldzüge der italienischen Normannen (1081, 1147 und 1185), mit denen sie versuchten, Byzanz zu unterwerfen, dem Staat am Bosporus Beweis genug für westliche Eroberungsgelüste.

Im Abendland kultivierte man derweil seine Vorurteile: Die »Perfidia Graecorum«, die »griechische Treulosigkeit«, sei schuld daran, dass alle Tapferkeit der Kreuzfahrer in den bisherigen Zügen erfolglos war. Gegen Ende des 12. Jahrhunderts hatte sich dieser Gedanke zur Überzeugung verfestigt: Um eine sichere Basis für künftige Kreuzzüge zu haben, müsse zuerst Konstantinopel erobert werden. Nach den Normannen versuchte das der deutsche Kaiser Heinrich VI. Um den hohen Tribut zu zahlen, den er zunächst forderte, musste Konstantinopel eine eigene »Deutschensteuer« erheben. Schließlich plante Heinrich einen Feldzug gegen Ostrom, starb jedoch 1197, ohne sein Ziel zu erreichen.

Das Schicksal versetzte Byzanz noch einige Schläge, die eine Schwächung seiner Position bedeuteten: Serbische und bosnische Fürsten schüttelten die oströmische Oberhoheit ab, die Bulgaren machten sich selbstständig. Und die staatliche Autorität wurde durch innenpolitische Sonderbestrebungen immer geringer. Es war nur noch eine Frage der Zeit, wann das ehedem so großartige und mächtige Oströmische Reich untergehen würde. Der Zeitpunkt kam im Jahr 1204, mit dem Anfang vom Ende der glanzvollen römisch-griechischen Kaiserschaft.

Schon einen Monat nach der Eroberung Konstantinopels wurde am 16. Mai 1204 der flandrische Graf Balduin zum ersten »lateinischen« Kaiser von Byzanz gekrönt. Er erhielt ein Viertel des byzantinischen Territoriums, drei Achtel gingen an die Venezianer und weitere drei Achtel an verschiedene andere Kreuzfahrer. Nach einem ähnlichen Schema wurde die Stadt Konstantinopel aufgeteilt. Als »Kaiserreich«

> **Die staatliche Autorität wurde durch innenpolitische Sonderbestrebungen immer geringer.**

bezeichnete sich aber auch der griechische Reststaat von Trapezunt an der Schwarzmeerküste. Und ebenfalls mit dem Kaisertitel schmückte sich der Herrscher von Epirus. Alle diese Staatsbildungen waren jedoch nur von relativ kurzer Dauer.

Und dann gab es noch einen Staat, der aus den Wirren des Jahres 1204 hervorging: das Kaiserreich von Nikaia (Nicäa). Dem byzantinischen Hof und seinem Beamtenstab war es während der Eroberung Konstantinopels gelungen, nach Nikaia (dem heutigen Iznik am gleichnamigen See) zu entfliehen, wo dann sogleich Theodoros I. Laskaris zum Kaiser ausgerufen wurde. Die Ostgrenze des kleinen Staates erstreckte sich von der Schwarzmeerküste auf der Länge des heutigen Ankara, vorbei an der Westgrenze der Stadt bis zum Mittelmeer etwas südlich des Mäander-Flusses. Das Territorium östlich und südlich davon war in den Händen der türkischen Seldschuken.

Nikaia kam freilich nicht zur Ruhe. Auf der einen Seite wurde es von den Seldschuken bedroht, auf der anderen von den Lateinern.

1211 siegte es zwar über die Abendländer, doch noch im gleichen Jahr triumphierte der lateinische Kaiser Heinrich I. über die Nikäier. Allerdings waren die Lateiner so erschöpft, dass man sich auf einen milden Frieden einigte, woraus sich für eine Weile auch friedliche Beziehungen entwickelten. So schlossen etwa die Venezianer mit Nikaia 1219 einen Handelspakt.

Doch schon Kaiser Johannes III. Dukas Vatatzes (1222–1254), der Zweite auf dem nikäischen Thron, hatte der Vertreibung aller Lateiner aus Kleinasien oberste Priorität eingeräumt. Das kleine Reich war inzwischen mächtig genug, um die Bedrohung zu beseitigen: Nach einem glänzenden Sieg mussten die Lateiner 1225 auf nahezu alle kleinasiatischen Territorien verzichten.

Auch die Bulgaren träumten schon geraume Zeit von einem Kaiserreich mit der Hauptstadt Konstantinopel. In den Jahren 1235 und 1236 bestürmten sie gemeinsam mit den Nikäern die Mauern der Stadt, allerdings vergebens. Als der Bulgaren-Zar 1241 starb und das lateinische Kaiserreich immer schwächer wurde, konnte Nikaia sich endlich zur führenden Kraft im ägäischen Raum aufschwingen.

In dieser Zeit traten auch die Mongolen auf den Plan. Sie überfluteten Vorderasien, drangen in Kleinasien ein, bedrohten auch Trapezunt und drangen durch Südrussland bis nach Schlesien vor (Schlacht bei Liegnitz, 1241). Nikaia war davon kaum bedroht. Im Gegenteil, da die Mongolen die Seldschuken schwächten, kam das auch Nikaia zugute.

Ungestört konnte Johannes III. nacheinander Thrakien, Makedonien und Thessalonike erobern, womit 1246 Nikaia die Kontrolle über die Ägäis errungen hatte.

> **In dieser Zeit traten auch die Mongolen auf den Plan.**

Das Reich von Nikaia, das sich weiterhin als »Ostrom« verstand, hatte inzwischen mehr an Ansehen gewonnen, als es Byzanz vor der Auseinandersetzung mit den Lateinern besaß. Der deutsche Kaiser Friedrich II. wählte Nikaia zu seinem Bündnispartner im Kampf gegen das Papsttum und gab Kaiser Johannes III. seine Tochter Konstanze zur Frau. Johannes wurde allseits verehrt und ein halbes Jahrhundert nach seinem Tod als »der heilige Kaiser Johannes der Barmherzige« heiliggesprochen.

Sein Nachfolger Theodoros II. machte den nikäischen Kaiserhof zum Mittelpunkt eines lebhaften geistigen Lebens und war selbst berühmt ob seiner ungewöhnlich vielseitigen Bildung. In dieser Zeit erlebten byzantinische Kunst, Literatur und Wissenschaft noch einmal eine Blüte – bis schließlich wieder die ganze Grausamkeit mittelalterlicher Herrschaft durchbrach, die in Byzanz viele Jahrhunderte lang das Hofleben weitgehend bestimmt hatte: Als Theodoros 1258 starb, war der Kronprinz Johannes noch ein Kind und die Vormundschaft wurde dem Feldherrn Michael Palaiologos übertragen. Michael gab sich damit nicht zufrieden. Er ließ den Kronprinzen Johannes blenden, was in Byzanz eine beliebte Methode war, um Rivalen unschädlich zu machen. Er verbannte ihn und schwang sich selbst als Michael VIII. zum Kaiser auf (1259–1282).

Damit gelangte ein überaus erfolgreicher Herrscher zu byzantinischen Thronwürden. Nachdem Michael 1259 die vereinigten Lateiner in der Ebene von Pelagonia geschlagen und so gut wie völlig vernichtet hatte, ließ sich endlich der Traum von Nikaia realisieren: die Rückkehr nach Konstantinopel. Das Unternehmen war von zwei glücklichen Umständen begünstigt:

Die venezianische Flotte lag gerade nicht vor Konstantinopel, und es fand sich ein Verräter, der ein kleines byzantinisches Heer nachts in die Stadt einließ. Am 15. August 1261 zog Michael im Triumph in die Stadt ein und verrichtete in der Hagia Sophia ein Dankgebet. Der lateinische Kaiser Balduin II. und die Abendländer mussten fliehen.

„ **Byzanz hatte nun seine ursprüngliche Hauptstadt wieder.** "

Byzanz hatte nun seine ursprüngliche Hauptstadt wieder. Aber das einstige Imperium war auf klägliche Reste zusammengeschmolzen, auf allen Seiten umgeben von Feinden: Serbien, Bulgarien, lateinische Kleinstaaten auf der Halbinsel Peloponnes und allmählich immer stärker die islamischen Herrschaften im Osten. Außerdem bestand immer noch die Gefahr eines neuen Kreuzzuges. Durch einen klugen diplomatischen Schachzug widerstand Michael dieser Gefahr: Er bot dem Papst Verhandlungen über eine Union der griechischen und der römischen Kirche an, die ja auch de jure seit 1054 nicht mehr bestand. Volk und Klerus von Byzanz widersetzten sich jedoch heftig einer Kirchenunion.

Der schärfste Widersacher Michaels war Karl von Anjou, König in Sizilien. 1281 schloss er in Orvieto mit Venedig einen Vertrag über eine gemeinsame Expedition gegen Byzanz. Und wieder gelang es Michaels diplomatischem Geschick, diese Gefahr abzuwenden. Denn alles spricht dafür, dass er seine Hand bei dem großen Aufstand der Sizilianer gegen die Anjous 1282 mit im Spiel hatte. Die blutige »Sizilianische Vesper« zwang Karl zur Aufgabe seiner Pläne.

Kaiser Andronikos II. (1282–1328), Sohn Michaels, verwarf die romfreundliche Politik wieder, da sie offensichtlich keine dauerhaften Vorteile brachte. Der feindliche Druck der Nachbarn hingegen wurde immer stärker. Auf der einen Seite waren es die Serben und Bulgaren, die Byzanz bedrängten, auf der anderen Seite lauerten die Türken.

In Kleinasien hatten sich im 13. Jahrhundert mehrere türkische Kleinstaaten formiert, darunter das Fürstentum des Sultans Osman I. (ca. 1300 –1326). Unter ihm und seinen Nachfolgern – den Osmanen – breiteten sich die ursprünglich turkmenischen Nomaden rasch aus, ähnlich wie zuvor die ebenfalls aus Zentralasien stammenden Seldschuken. Jetzt rächte es sich,

> **Zwei Bürgerkriege erschütterten das geschwächte Reich.**

dass der kleinasiatische Reichsteil so lange vernachlässigt worden war: Wirtschaftlicher und sozialer Niedergang trugen wesentlich dazu bei, dass das Land so rasch eine Beute der Türken werden konnte.

Es war charakteristisch für den byzantinischen Staat, dass religiöse Fragen die Gemüter des ganzen Volkes beherrschten und dass diesbezügliche Meinungsverschiedenheiten in heftige und gewalttätige Auseinandersetzungen ausarten konnten. Im Jahre 1341, als das allmählich winzige Reich immer hilfloser wurde, kam es wieder einmal dazu. Anlass war der sogenannte Hesychasmusstreit. Der Hesychasmus (von griechisch hesychia = kontemplative Ruhe) ist eine spezielle Art des Gebets, das besonders von Mönchen gepflegt wurde und durch das der Betende Erleuchtung empfangen soll. Über zehn Jahre ereiferte sich das Volk in Konstantinopel darüber – ungeachtet der Tatsache, dass die Feinde praktisch schon vor der Tür standen.

Auch zwei Bürgerkriege erschütterten das geschwächte Reich. Der erste war eigentlich eine Familienfehde zwischen Großvater Andronikos II. und Enkel Andronikos III. und dauerte von 1321 bis 1328. Die lachenden Dritten waren die Osmanen, die in der Zeit das Gebiet am

Marmarameer erobern konnten, und die Serben, die für einige Jahrzehnte eine Vormachtstellung begründeten.

1341 brach der zweite Bürgerkrieg um die Herrschaft aus. Nach dem Tod von Andronikos III. wurde ein Regentschaftsrat für den gerade erst geborenen Thronfolger Johannes V. (1341–1391) gebildet. Der Feldherr Johannes Kantakuzenos fühlte sich dabei jedoch übergangen und ließ sich selbst zum Kaiser ausrufen. Er regierte bis 1354 als Gegenkaiser. Kaiser Johannes V. hatte danach noch zwei weitere Gegenkaiser zu überstehen: Andronikos IV. und Johannes VII. In den 40er-Jahren desselben Jahrhunderts kam es übrigens auch zu einer länger dauernden Revolte in Thessalonike, dem sogenannten Zelotenaufstand, einer sozialrevolutionären Bewegung, die zwar die Kaisergewalt unterstützte, aber eine Enteignung der großen weltlichen und geistlichen Grundbesitzer zum Ziel hatte.

> **„1354 überquerten die Türken zum ersten Mal die Dardanellen."**

Die Ausdehnung des Osmanischen Reiches auf Kosten von Byzanz erfolgte nun Schlag auf Schlag. 1354 überquerten die Türken zum ersten Mal die Dardanellen und setzten sich auf europäischem Gebiet fest. 1369 eroberten sie Adrianopel (Edirne), 1387 Thessalonike. Und 1394 belagerten die Osmanen erstmals Konstantinopel. Acht Jahre lang berannten sie die Stadt, doch die Mauern, weltweit als unüberwindbar gepriesen, hielten stand. 1403 kam es schließlich zu einem Friedensvertrag zwischen Osmanen und Byzanz, wobei Thessalonike zurückgegeben wurde.

Die Hoffnung, durch Aufhebung des Schismas (Kirchenspaltung) und Wiedereintritt in die römische Kirche Hilfe zu erhalten, war in der Zwischenzeit immer größer geworden. So pilgerte Kaiser Johannes V. 1369 nach Rom und konvertierte in der Peterskirche zum römischen Glauben – ohne Erfolg. Wie tief das Ansehen von Byzanz gesunken war, lässt die Tatsache erkennen, dass Johannes auf der Rückreise für eine Weile in Venedig in Schuldhaft genommen wurde. Kaum zurück, musste er sich zum Vasallen des türkischen Herrschers Murad erklären und ihm bei einem Feldzug in Kleinasien Heerfolge leisten. Zu allem Überdruss warf ihn sein eigener Sohn Andronikos IV. in den Kerker, bis ihn die Venezianer wieder als Kaiser einsetzten.

Auch sein Nachfolger Manuel II. (1391–1425) begab sich auf Bittreisen. Er besuchte Venedig, Padua, Mailand, Paris und sogar London, erhielt auch eine Menge Versprechungen, die aber alle nicht eingehalten wurden. Hilfe kam unerwartet von einer ganz anderen Seite: 1402 schlugen die Mongolen Timurs die Türken bei Ankara vernichtend, worauf das türkische Sultanat längere Zeit von inneren Kämpfen heimgesucht wurde. Für Byzanz bedeutete das eine Atempause, aber 1422 standen die Osmanen schon wieder vor Konstantinopel, acht Jahre später eroberten sie Thessaloniki.

Und auch unter Johannes VIII. (1425–1448) hoffte man noch auf westliche Hilfe. Zunächst versuchte es der Kaiser in Venedig, Mailand und Ungarn, schließlich präsentierte er seine Bitten einem Unionskonzil in Ferrara und Florenz. So wurde dann im Juli 1439 die Kirchenunion in Florenz feierlich proklamiert. Doch die orthodoxe Kirche lehnte die Union weiterhin strikt ab. Wie heftig und unversöhnlich diese Differenzen waren, sieht man daran, dass der orthodoxe Patriarch von Konstantinopel noch dem letzten Kaiser – Konstantin XI. – die Krönung verweigerte.

Als Konstantin 1448 den Thron bestieg, bestand Byzanz – einst der mächtigste Staat der Welt – nur noch aus der Stadt Konstantinopel. Das war alles, was vom römischen Weltreich verblieben war. Damit war keine Hilfe mehr zu erwarten. Und als der päpstliche Legat Isidoros im Dezember 1452 in der Hagia Sophia die Kirchenunion verkündete, empörte sich das Volk noch einmal dagegen – trotz aller ersichtlichen Not.

Am 29. Mai 1453 hatten die Kanonen die Mauern sturmreif geschossen.

Bisher hatten die gewaltigen Mauern den Feind abgehalten. Nun aber zog Sultan Mehmed eine riesige Streitmacht um die Stadt zusammen. Auf dem Landweg ließ er sogar Kriegsschiffe für die Belagerung herbeischaffen. Und dann begannen die 13 riesigen Kanonen, die extra dafür gegossen worden waren, ihr zermürbendes Feuer. Paradoxerweise hatte der ungarische Ballistiker und Konstrukteur der Kanonen diese zuerst in Konstantinopel angeboten. Aber man erteilte ihm eine Absage – worauf er sich flugs an die Osmanen wandte.

Am 29. Mai 1453 hatten die Kanonen die Mauern sturmreif geschossen. Nahezu 100.000 osmanische Krieger warfen sich auf die weniger als 10.000 griechischen Soldaten. Auch Kaiser Konstantin trat den türkischen Janitscharen entgegen und fand den Tod. Drei Tage lang zogen die türkischen Soldaten plündernd und mordend durch die Straßen der Stadt.

Das knappste Resümee zum Thema »Die Kultur von Byzanz« und seine Bedeutung stammt wohl aus dem gleichnamigen Werk von Klaus Wessel (erstmals erschienen 1970): »Die byzantinische Kultur war die Mutter der Kulturen der Ost- und Südslawen und der Rumänen und so etwas wie eine alte, trotz schwerer Verluste immer noch reiche, wenn auch wenig geliebte Erbtante der mittel- und westeuropäischen Kulturen, deren Nachlass man mit offenen Händen übernahm, um die Erblasserin alsbald zu vergessen, diese große Erhalterin des Erbes des antiken Griechentums, des Hellenismus und bedeutender Teile des römischen Geistesgutes und deren Vermittlerin an die jüngeren Kulturen. Sie wirkt, den meisten unbewusst und unbekannt, bis in unsere Gegenwart nach.«

> **Drei Tage lang zogen die türkischen Soldaten plündernd und mordend durch die Straßen.**

Im Garten der Lüste

Hieronymus Bosch und sein rätselhaftes Paradies

Von Marianne Oertl

Hausherr Graf Hendrik von Nassau, Statthalter von Brabant, hat zu einem seiner zahlreichen Bankette eingeladen. Nachdem die erste Runde Wein ausgegeben ist, führt er seine erwartungsvollen Gäste in das Kunstkabinett, um ihnen seine neueste Errungenschaft zu zeigen. Diese haben schon Wunderdinge von dem Bild gehört und sind entsprechend enttäuscht: Auf den beiden zugeklappten Außenflügeln sehen sie nur blasse Farben – die in ein fahles Dämmerlicht getauchte »Welt am dritten Schöpfungstag«. Als der Graf ihre Gesichter sieht, weist er einen Diener an, die beiden Flügel zu öffnen. Während die Gäste ihrer Verwunderung durch »Ahs« und »Ohs« Ausdruck verleihen, kommt mit dem Liebesgarten eine Sensation in ihr Blickfeld, eine Explosion von Farben, wie sie bis dahin noch niemand gesehen hat.

Die geschilderte Szene ist pure Fantasie – aber sie liegt nahe, denn das Triptychon besitzt wie die einstigen Altarbilder zwei doppelseitig bemalte Seitenflügel, die zugeklappt die Außenseite des Bildes darstellen. Nur an hohen Feiertagen wurde der Altar in einer liturgischen Inszenierung geöffnet.

Doch was auf diesem Bild zu sehen ist, ist als Kirchenaltar nahezu undenkbar: Der linke Seitenflügel zeigt einen noch jugendlichen Gottvater, der Adam und Eva gerade zusammenführt. Auf dem rechten »Höllenflügel« sind Menschen zu sehen, die aufs Schaurigste und Merkwürdigste für ihre Sünden bestraft werden. Doch im großen Mittelteil – wo üblicherweise das Jüngste Gericht dargestellt wurde – wimmelt es von nackten Menschen, die in Gruppen oder Paaren in schamfreier, nackter Liebeslust geheimnisvolle Spiele mit Vögeln, Früchten und Pflanzen treiben. Sie füttern sich gegenseitig mit Früchten, reiten auf Vögeln, kriechen in fantastische pflanzliche Hohlräume oder aus ihnen heraus; manche hantieren in den verrücktesten Stellungen mit Blüten oder Früchten.

Alle jung, wohlgestaltet und ziemlich gleich aussehend, mussten sie für Boschs Zeitgenossen eine wahre Provokation sein. Offen erotische Darstellungen waren vollkommen unbekannt, nackt durften im Brabant des 16. Jahrhunderts allenfalls Adam und Eva vor dem Sündenfall gezeigt werden. Der Skandal in diesem Bild bestand aber nicht nur in der Darstellung von Nacktheit – die erotische Szenerie wurde darüber hinaus in eine biblische Perspektive gerückt. Eine gefährliche Idee, denn die Inquisition der Dominikanermönche – auf dem Höllenflügel werden sie dafür von Teufeln traktiert – schlief nicht.

Auch wenn der Inhalt des Bildes zunächst nicht eindeutig erfasst werden konnte, so ist er doch unterschwellig offenbar so interessant, dass das Triptychon zu dem am häufigsten interpretierten und untersuchten Objekt der Kunstgeschichte wurde. Der amerikanische Schriftsteller Peter S. Beagle spricht in seinem Buch »Garten der Lüste« von einem »erotischen Wahnsinn, der uns zu Voyeuren macht«. Über diesem Garten liege »die betörend verlassene Luft einer perfekten Freiheit«.

Das freizügige Werk tauchte zum ersten Mal 1517, ein Jahr nach dem Tod des Malers, im Stadtpalais der Grafen von Nassau in Brüssel auf. Man nimmt an, dass Graf Hendrik II. von Nassau (1483–1538) den Auftrag für das Bild erteilte. Ein lebenslustiger Adliger, in dessen Palais auch ein riesiges Bett stand, in dem etwa fünfzig Personen Platz fanden. »Er vergnügte sich oft auf Banketten und hatte daran Lust, die Eingeladenen trunken zu sehen. Waren sie dann so voll des Weines, dass sie sich nicht mehr auf den Beinen halten konnten, so ließ er sie auf besagtes Bett werfen«, schildert der holländische Reisende Antonio de Beatis das Treiben am Hofe derer von Nassau.

> **Das Bild wird 1568 vom spanischen Herzog von Alba konfisziert.**

Das Bild wird 1568 vom spanischen Herzog von Alba konfisziert und schließlich am 8. Juli 1593 im Prado als ›Ein Gemälde von der Mannigfaltigkeit der Welt‹ inventarisiert. Die vielen Namen, die es im Lauf der Jahrhunderte bekam, zeigen, dass die Deutungen immer wieder wechselten. Es wurde ›Von der Eitelkeit des Ruhms und dem kurz währenden Geschmack der Erdbeere‹ genannt; noch später war es schlicht das ›Gemälde vom Erdbeertraum‹. Weitere Namen: ›Garten der Wonnen, der Freuden‹, ›Die Schule der Engelsliebe‹ und ›Das tausendjährige Reich‹.

Während das Schicksal des Bildes einigermaßen bekannt ist, liegt das Leben des Malers, der als Hieronymus van Aken (von Aachen) um 1450 in der Stadt 's-Hertogenbosch geboren wurde, weitgehend im Dunkeln. Er war offenbar ein angesehener Bürger, Spross einer Malerfamilie, die eine gemeinsame Werkstatt am zentralen Platz von 's-Hertogenbosch betrieb. Er war am Schmuck der riesigen Johannis-Kathedrale seiner Vaterstadt durch mehrere Glasfenster und Altäre beteiligt, die aber alle von Bilderstürmern vernichtet wurden. Verheiratet mit Aleide van Mervenne, einer Frau aus reichem Haus, war er Mitglied der Liebfrauen-Bruderschaft zum Schwan, die den tonangebenden Bürgern der Stadt vorbehalten war. Diese Bruderschaft bekämpfte damals den zunehmenden Einfluss der Dominikaner in der Stadt und im gesamten Land.

> **In den Städten entstand eine Schicht ungeheuer reicher Kaufleute.**

Bosch starb am 9. August 1516, die Kosten seines Begräbnisses – 27 Stüber (eine Groschenmünze), bezahlt von seinen Freunden – wurden in den Annalen der Bruderschaft genau aufgeführt.

Wenn wir auch keinerlei Aufzeichnungen über die Absichten und die Gedankenwelt von Hieronymus Bosch besitzen, so kennen wir doch die Zeit, in der er lebte. Sein Jahrhundert – getränkt von Blut und Grausamkeit – erlebte tief greifende historische Umwälzungen. In den Städten entstand eine Schicht ungeheuer reicher Kaufleute, während sie andererseits ein Heer von Arbeitslosen und Bettlern bevölkerte, das durch heimkehrende Söldner noch verstärkt wurde. Auch der Hass gegen die Institution Kirche wuchs, denn ihre Würdenträger lebten in Saus und Braus, die Klöster verkamen und erfüllten ihre sozialen Aufgaben nicht mehr. Dagegen setzte die Kirche ein erprobtes Mittel ein: die Inquisition, ausgeführt durch die Dominikaner, kombiniert mit Hexenverfolgung. Immer wieder gab es in 's-Hertogenbosch Hexenprozesse, einige Jahre weilte auch Jacob Sprenger, einer der Verfasser des ›Hexenhammers‹, in der Stadt.

Erstaunlicherweise hatte Hieronymus Bosch aber offenbar keine Probleme mit der Inquisition. Das lässt darauf schließen, dass seine ironisch verrätselte Gesellschaftskritik (zum Beispiel im Höllenteil) damals nicht verstanden wurde. Die Zeitgenossen waren von Boschs Bildern begeistert: Wie bei keinem anderen wurden seine Werke über Jahrhunderte von angesehenen Malern für reiche Auftraggeber kopiert, was bis heute zu Problemen mit der Zuschreibung führt.

Neben dem ›Garten der Lüste‹ hinterließ Bosch sechs weitere Triptychen, viele Einzelbilder, ein Rundbild ›Tisch der sieben Todsünden‹ und einige Zeichnungen; bei manchen Werken ist noch unklar, ob der Meister selbst der Urheber war oder ein Kopist. Doch im Zentrum des Interesses steht nach wie vor der Mittelteil des ›Gartens der Lüste‹: Handelte es sich dabei um eine gemalte Predigt gegen die Fleischeslust, wie Pater Joseph de Siguenca 1605 folgerte, die dann die blumig geschilderten Bestrafungen in der Hölle nach sich zieht, oder zeigte Bosch im Gegenteil eine von allen Repressalien befreite Sexualität?

»Wie ein erloschenes Orakel, dessen Zeichensprache seine ursprüngliche Erleuchtungskraft verloren hat, steht die Symbolik Boschs dem heutigen Betrachter gegenüber.« So beschreibt der Kunsthistoriker Wilhelm Fraenger die Wirkung von Boschs Bildern. Er vermutet, dass der Künstler Mitglied einer damals verfolgten Sekte der Adamiten gewesen sei und dieses Bild für kultische Zwecke gemalt habe.

Die amerikanische Kunsthistorikerin Lynda Harris dagegen sieht die zahllosen Dämonen als Zeichen dafür, dass er ein Mitglied der Katharer war, einer Glaubensgemeinschaft, die die Welt für ein Werk Satans hielt. Für sie hatte Gott nur den immateriellen Geist erschaffen. Als Beweis nennt Harris zum Beispiel die Eule, die aus einer Höhle im zentralen Lebensbrunnen des Paradiesflügels herausschaut: Die Eule als Nachtvogel war damals ein Symbol der Finsternis, des Bösen, ja, vielleicht sogar Satan höchstpersönlich. Bereits das Paradies war also von Satan besetzt. Andere Interpreten vermuteten, Bosch habe seine Fantasiewelt im Drogenrausch entwickelt. Doch insgesamt erscheinen all diese Deutungen heute spekulativ.

> **Insgesamt erscheinen all diese Deutungen heute spekulativ.**

Der holländische Bosch-Experte Paul Vandenbroeck deutet den Mittelteil als »unechtes Paradies«, eine Vorstellung, die im Mittelalter sehr verbreitet war; sie sollte die Gläubigen vom falschen Weg abhalten. Zum Beispiel behandelt der damals sehr populäre ›Roman de la Rose‹ von Guillaume de Lorris und Jean de Meung den Unterschied zwischen dem echten, himmlischen Paradies und dem falschen Paradies der Liebe, in dem die Fleischeslust den Platz des höchsten Mysteriums einnimmt.

Die neueste und überzeugendste Deutung stammt vom renommierten Münchner Kunsthistoriker Hans Belting. Er entdeckte eine Bibelstelle, auf die sich Hieronymus Bosch in seinem Mittelteil bezogen – oder besser herausgeredet – haben könnte: Im zweiten Kapitel beschreibt das Buch Genesis das Paradies, wie es auf immer hätte bestehen sollen, wäre der Sündenfall nicht geschehen. Das Kapitel beginnt mit der Bemerkung, Gott habe »das Paradies der Wollust« (paradisum voluptatis) gepflanzt und den Menschen hineingesetzt. Damals war allein der lateinische Text der ›Vulgata‹ maßgeblich, über den die Kirche wachte. Bosch konnte noch nichts von der Luther'schen Übersetzung (1523–1534) wissen, die sich an den hebräischen Wortlaut hielt und harmlos von einem »Garten Eden« sprach. Es ist von einem

Gottvater führt dem gerade erwachenden Adam eine schüchterne Eva zu.

Ort der Lust die Rede, von dem ein Fluss ausging, der sich in vier Arme teilte und das Paradies bewässerte. Diesen Fluss findet man im hinteren Mittelteil: Bosch krönt ihn mit einem blauen Lebensbrunnen, auf dem Liebespaare einen Kopfstand vollführen.

Das anfänglich versprochene und doch nie bewohnte Paradies war ein Thema, das in einigen mittelalterlichen Schriften behandelt wurde, etwa von Dionysius dem Kartäuser (um 1402– 1471). Er glaubte, dass die Menschen dort ewige Jugend bewahrt hätten. »Aber das imaginäre Paradies ist bei Bosch kein Thema im kirchlichen Sinn gewesen«, schreibt Belting, »sondern bot ihm Gelegenheit, mit einem solchen Stoff eine große Utopie zu malen. Es ging nicht darum, die Bibel zu illustrieren, und doch war der Nachweis einer soliden Bibelkenntnis nötig, um sich gegen Kontrolleure und Denunzianten zu wappnen, die nach Bibelabweichungen suchten.«

Schon im linken Paradiesflügel schildert Bosch anstelle des üblichen Sündenfalls eine bis dahin nicht dargestellte Szene: Gottvater führt dem gerade erwachenden Adam eine schüchterne Eva zu. Der Schöpfer hat Eva am Handgelenk genommen und blickt den Betrachter an, als wolle er sagen: »Es ist für den Menschen nicht gut, allein zu bleiben.« Um die Personengruppe tummeln sich exotische Tiere, Giraffen, Elefanten, ein Einhorn und vorne im Tümpel fantasievolle Lebewesen. Bosch konnte hier sowohl sein Wissen demonstrieren als auch seiner Fantasie freien Lauf lassen: Im Zeitalter der Entdeckungen berichteten Weltreisende von immer neuen exotischen Landschaften, Tieren und Menschen. Und zusätzlich erfand Bosch Kreaturen, die es zumindest irgendwo hätte geben können.

Das Gegenteil dieser lebendigen Idylle ist der Höllenflügel: Natur fehlt hier völlig, es ist Nacht. Der Mensch lebt in einer selbst geschaffenen Welt: Städte werden von Kriegen verwüstet, in den Kneipen betrinkt man sich und in den Folterkammern siegt die Grausamkeit. Es herrscht ein »Höllenlärm«: Auch die Musikinstrumente – Erfindungen des Menschen – wenden sich nun gegen ihn: Die Musik wird zur Qual.

Der Höllenfürst, ein vogelköpfiges Ungeheuer, das abwechselnd Menschen verschlingt und sie wieder ausscheidet, trägt eine Weltkugel auf dem Kopf. Die nackte Wollust, die in den Armen eines unwillkommenen Teufels sitzt, spiegelt sich gemeinsam mit ihrem höhnischen Kumpan auf einem Konvexspiegel, der auf das Gesäß eines anderen Teufels montiert ist. Ein wildes Pandämonium von Bestrafungsorgien wird ausgebreitet, das für jeden Sünder die ihm gemäße Strafe bereithält. Im Zentrum des Höllenflügels blickt der »Baummensch« melancholisch auf das Treiben in der Schenke in seinem Innern. »Möglicherweise hinterließ Bosch im Gesicht des Baummenschen ein Selbstporträt, wie man immer wieder vermutet hat«,

> **Der Mittelteil ist ein Gegenbild zur menschlichen Zivilisation.**

schreibt Hans Belting. »Der ironische Ausdruck mit dem lauernden Seitenblick wäre dann die Signatur eines Künstlers, der eine bizarre Bildwelt für seine persönliche Imagination reklamiert.«

Die gewagteste Szene befindet sich aber am Höllenflügel rechts unten: Ein fettes Schwein, drapiert mit dem Schleier einer Dominikanernonne, verführt einen widerstrebenden Mann mit seinen Küssen. Er soll einen Kontrakt unterschreiben, worin er sein Vermögen der Kirche vermacht. Ein Assistent hält die Siegel für die Urkunde bereit, ein zweiter, versteckt in einer Rüstung, an der eine Fußprothese als Emblem des professionellen Bettlertums baumelt, bietet das Tintenfass für die Unterschrift an. Trotz der versprochenen Aussicht auf sein Seelenheil durch die Übertragung des Vermögens ist der Sünder in der Hölle gelandet. Diese Szenen zeigen: Die Welt braucht nicht mehr auf die Hölle zu warten. In den Händen des Menschen ist sie selbst schon zur Hölle geworden.

Der Mittelteil ist ein Gegenbild zur menschlichen Zivilisation. Der Mensch lebt in der Natur und ist selbst Teil von ihr. Aber nicht nur die Menschen benehmen sich hier anders als in der Welt, auch die Natur ist anders, als wir sie kennen. Es ist eine imaginäre Natur, ein Paradies in Boschs Vorstellung, aus der die bekannten Normen der Erfahrung getilgt sind. Da gibt es Vögel im Wasser, Fische auf dem trockenen Land oder in der Luft. Da sehen wir Vögel, die Menschen füttern, Fische, die sich von Menschen tragen lassen und umgekehrt. Da verkriechen sich Menschen in Schalentiere und Muscheln oder drängen sich zwischen die gespreizten Beine eines Vogels.

> **Die Vision einer ungetrübten und unvergänglichen Existenz.**

»Die Symbiose zwischen Mensch und Tier, ebenso wie jene zwischen Mensch und Pflanze, symbolisiert in den großen Früchten, von denen sich Menschen und Tiere einträchtig ernähren, ist die Vision einer harmonischen Existenz des Menschen in der Natur, die in der Realität nicht möglich wäre«, deutet Hans Belting die Szenerie. »Diese gemalte Natur befindet sich im Zustand des permanenten Werdens, aus dem das Vergehen ausgeschlossen ist.« Die Fruchtkapseln und Eierschalen symbolisieren Fruchtbarkeit. Wo die Sünde fehlt, weisen die Früchte nicht auf verbotene Lust, sondern auf eine natürliche Fruchtbarkeit, die sich dieser Lust bedient. Das Essen, ein Hauptmotiv des Bildes, weist gemeinsam mit der Fortpflanzung auf die in diesem Paradies herrschende Lebensaktivität hin. Der Tod ist noch unbekannt, er sollte erst durch den Sündenfall in die Welt kommen.

Kinder fehlen in diesem Paradies, die Menschen scheinen fertig aus den Früchten und Pflanzen zu kriechen, als ob die Mühsal des Gebärens ihnen erspart geblieben wäre. Indem der Maler die negativen Seiten ausblendet, die das irdische Leben beschweren, entwickelt er die Vision einer ungetrübten und unvergänglichen Existenz.

»Allerdings fehlt den Menschen im Paradies nicht nur das Alter, sondern auch die Individualität«, bemerkt Belting. »Die zarten, puppenhaften Figuren sind körperlich so wenig ausgeprägt, dass sie bisweilen als nackte Seelen gedeutet wurden. Ihre Körperlichkeit ist so mühelos und dadurch so verfremdet, dass selbst die akrobatische Erotik kindlich wirkt. Wir blicken auf eine Menschheit, die wir nicht kennen. Es ist nicht die erlöste Menschheit, die vor dem Tod gerettet wurde, sondern eine utopische Menschheit, die es nie gab.«

Wie moderne Künstler ließ Hieronymus Bosch den Zeitgeist auf sich wirken, und dieser war reif für neue Gesellschaftsentwürfe. Die Ideen der frühen Humanisten breiteten sich langsam aus. Erasmus von Rotterdam schrieb sein ›Lob der Torheit‹, Sebastian Brant das ›Narrenschiff‹ und der Engländer Thomas Morus den Roman ›Utopia‹, in dem er von einer vollkommenen Gesellschaft auf einer Insel träumt. Diese Insel liegt ebenso wenig

> **Wie moderne Künstler ließ Hieronymus Bosch den Zeitgeist auf sich wirken.**

in dieser Welt wie Boschs Paradies. Dieser »überführte die Vorstellung des Paradieses aus dem kollektiven Wissen des Glaubens in das kollektive Imaginäre der Träume«, schreibt Belting. Die Freiheit von der Erdenlast war nun nicht mehr eine Sache der Theologie, sondern der neu entstehenden Vorstellungskraft. In ihrem Schutz bildet sich der moderne Kunstbegriff heraus, der die Malerei von der bloßen Pflicht zur Abbildung befreite und dem Künstler die Freiheit der Fantasie sicherte.

Bildnachweis

S. 10: Westgotischer Fußsoldat. Buchmalerei 1109 © akg images/British Library

S. 20: Attila, Schlacht auf den Katalaunischen Feldern. Kreidelithographie von Victor Adam (1801–1866) © akg-images

S. 32: Galla Placida. Münzbildnis, von 425 n. Chr. © akg-images/Pirozzi

S. 40: Kaiserin Theodora. Mosaik in Ravenna, um 547 n. Chr. © akg-images

S. 50: Büstenreliquiar Karls des Großen © akg-images/Erich Lessing

S. 60: Schlacht auf dem Lechfeld. Buchmalerei von Hektor Muelich, 1457 © akg-images

S. 70: Templer-Ritter. Holzstich (um 1860) © Bildarchiv Preußischer Kulturbesitz, Berlin, 2007

S. 80: König Richard I. Löwenherz zieht im Jahre 1190 während des 3. Kreuzzuges als Sieger in Messina ein. Lithographie (1863) von Moritz Ulffers © Bildarchiv Preußischer Kulturbesitz, Berlin, 2007

S. 88: Saladin. Französischer Holzschnitt, 1584 © ullstein – Granger Collection

S. 98: Robin Hood Statue in Nottingham © Robert Holmes/Corbis

S. 108: Graf Otto von Botenlauben übergibt einem Boten ein Schriftband mit einer Botschaft an seine Dame. Buchmalerei, um 1330–1340 © akg-images

S. 120: Krönung Friedrichs des II. 1197, kolorierter Holzstich nach einer Zeichnung von Alexander Zick (1845–1907) © akg-images

S. 132: Eroberung von Konstantinopel durch die Kreuzfahrer am 13. April 1204. Gemälde von Domenico Tintoretto (1560–1635) © akg-images/Erich Lessing

S. 142: Hieronymus Bosch, ›Das Paradies‹, Linker Innenflügel des Weltgerichts-Triptychons, 1500 © akg-images/Erich Lessing

»Ein Muss für jeden Geschichtsfan!«
Leserstimme bei Amazon

P. M. History-Bücher
mit farbigen Abbildungen
Herausgegeben von
Ernst Deissinger und Sascha Priester

›P. M. History‹ ist die erfolgreichste Publikumszeitschrift für historisch interessierte Leser. Die besten Artikel aus der Zeitschrift werden in den dtv-Ausgaben versammelt. Die Autoren der Beiträge verstehen es hervorragend, auf der Basis seriösen Faktenwissens Geschichten zur Geschichte zu erzählen.

Historische Ereignisse, Biografie und Lebenswerk einer historischen Persönlichkeit werden nicht mit akademischem Abstand, sondern aus einer menschlichen Perspektive dargestellt. Auf der Basis aktueller historischer Erkenntnisse wird die Vergangenheit mit Leben erfüllt.

Als Pharao Ramses gegen die Hethiter zog
Geschichten zur Geschichte
ISBN 978-3-423-**34147**-9

Als Spartacus den Römern trotzte
Geschichten zur Geschichte
ISBN 978-3-423-**34202**-5

Auf der Suche nach dem heiligen Gral
und andere Geschichten zur Geschichte
ISBN 978-3-423-**34240**-7

Von Göttern, Engeln und Dämonen
Neue Geschichten zur Geschichte
ISBN 978-3-423-**34354**-1

Als Richard Löwenherz ins Heilige Land zog
Geschichten zum Mittelalter
ISBN 978-3-423-**34447**-0

»Und alles im schönen Gleichgewicht von griffiger Information und eingängiger Leseunterhaltung.«
Hannoversche Allgemeine

Bitte besuchen Sie uns im Internet: www.dtv.de

P.M. HISTORY

Das grosse Magazin für Geschichte

Hier trifft sich die Vergangenheit

Jeden Monat neu am Kiosk!

P.M. HISTORY schreibt Geschichte – mit wissenschaftlichen Inhalten und journalistischer Kreativität. Erleben Sie die großen Ereignisse der Weltgeschichte, begegnen Sie Kaisern, Tyrannen und Revolutionären. So wird die Vergangenheit zu einem einzigartigen Lesevergnügen.

www.pm-history.c